von Thadden · Judith, die junge Priorin

Wiebke von Thadden

Judith, die junge Priorin

Klosterleben im Mittelalter

Artemis Verlag Zürich und München

Illustrationen von Claus Knézy

Artemis Verlag Zürich und München
Printed in Germany
ISBN 3 7608 1028 4

Inhalt

DIE SPITALERINNEN

Das Haus in der oberen Torgasse

Judith wartete nun schon eine ganze Weile auf den Vater. Sie stand an einem der schmalen Fenster der Wohnstube, das einen Blick auf die Gasse und auf eine Ecke des nahegelegenen Marktplatzes freigab. Draußen schien die Sommersonne, und deshalb löste Judith vorsichtig die Bespannung aus heller, geölter Leinwand vom Fensterrahmen und ließ das Licht in das Zimmer mit der schweren, dunklen Balkendecke hinein. Unten war Barthel, der Fuhrknecht, am Werk. Er holte lauter in Leinwand geschlagene und fest verschnürte Ballen und Bündel aus dem Warenlager im Erdgeschoß und verstaute sie in dem schweren Frachtwagen mit der geteerten Deckplane, den Judiths Vater für seine Handelsfahrten über Land benutzte. Morgen wollte er aufbrechen; nach Nürnberg und dann weiter nach Eger und Prag sollte die Reise gehen ... Judith horchte auf das Stundengeläut von der Stadtkirche her: der Vormittag war halb herum! Was mochte den Vater so lange aufhalten?

Endlich öffnete sich die Tür von dem kleinen Vorsaal, dem Söller, her, während jemand anderes die knarrende, hölzerne Wendeltreppe ins Erdgeschoß hinunterstieg.

«Es tut mir leid, daß du warten mußtest, Judith», sagte der Vater, «aber es ließ sich nicht anders einrichten.»

Herr Michael Perchtinger war ein angesehener Kaufmann der kleinen fränkischen Reichsstadt, und wenn er auch nicht zu dem engen Kreis ihrer vornehmsten Familien gehörte, so hatte sein Wort doch Gewicht in den Angelegenheiten der Stadt. Er war seit langem verwitwet, und Judith, seine einzige Tochter, führte seinen weitläufigen Haushalt.

Es war dem Vater anzusehen, daß ihm etwas auf dem Herzen lag. «Ich muß etwas mit dir besprechen, ehe ich morgen aufbreche», sagte er denn auch sofort, kaum daß er sich auf der geschnitzten Holzbank niedergelassen hatte, die unter den Fenstern und dann von der Ecke her zum Ofen an der getäfelten Wand entlanglief. «Es ist etwas, das auch dich angeht, und das ich dir schon lange hätte sagen müssen. Ich will's kurz machen. Judith! ich habe mich entschlossen, noch einmal zu heiraten. Ich bin mit einer guten Frau, mit der Margret Neufferin aus Nördlingen, einig geworden. Im Herbst, um Martini, soll die Hochzeit sein.»

Er schwieg einen Augenblick und fuhr dann fort: «Und ich will auch ehrlich sein, Judith: Ich möchte nicht, daß ihr beide, du und sie, euch die Wirtschaft hier im Hause teilt. Deshalb habe ich eben mit dem Anton Magerlein gesprochen. Er ist mit Freuden bereit, dich zur Frau zu nehmen, und erwartet nur dein Einverständnis, um dann selbst um dich anzuhalten.»

Der Vater sah Judith abwartend an. Er wußte, daß das keine Mitteilung für eine schnelle, einfache Antwort war.

«Der Anton –!» sagte Judith langsam. Sie war von dieser Nachricht vollkommen überrascht, und in ihrem Kopf jagten sich die Gedanken, bis endlich der einzig wichtige heraussprang.

«Den Anton mag ich nicht, Vater», sagte sie.

Dieser nickte, als habe er die Antwort halb erwartet. «Du hast den Georg Ermendinger gern gehabt, nicht wahr?» fragte er.

Judith kamen die Tränen. Der Georg, ein entfernter Vetter von Anton, war lustig und freundlich gewesen, und Judith hatte ihn wirklich gern gemocht. Er war vor ein paar Monaten bei einem Raubüberfall auf einen Warenzug der Stadt ums Leben gekommen. «Den Anton mag ich nicht», wiederholte sie. Der grämliche, unstete junge Mann mit dem kühlen Blick stand ihr vor Augen. «Du hast Zeit zum Überlegen», erklärte der Vater. «Ich bin nicht vor Mitte August, vor Mariä Himmelfahrt, zurück. Es tut mir leid, Judith, aber ich mag der Margret nicht das Regiment hier im Hause beschneiden. Bedenk auch, daß du doch einmal heiraten mußt, und der Anton weiß zwar sicher auch deine Mitgift zu schätzen, aber er hat es doch nicht zuerst auf sie abgesehen.»

«Es ist gut, Vater», erwiderte Judith; «ich überlege es mir. Wann brichst du morgen auf?»

«Vor Tagesanbruch; Barthel und ich werden uns früh schlafen legen. Halt dir den Nachmittag frei, damit ich dir Haus und Geschäfte übergeben kann.»

«Es ist gut, Vater», wiederholte Judith.

Sie kannte des Vaters rasche, bestimmte Entschlüsse. Aber sie wußte vor allem, daß er sich insgeheim immer einen Sohn als Helfer und Nachfolger gewünscht hatte. Er war noch jung; die neue Frau konnte ihm gut einen Erben schenken und in Ruhe großziehen. Es war also ernst mit der Mahnung zu ihrem Auszug.

Judith wartete, bis der Vater unten in den Lagerräumen verschwunden war. Dann gab sie Liese, der Magd, Bescheid, daß sie ausgehen wolle, legte ihr Tuch um und stieg nun selbst die Treppe hinunter. Als das hölzerne Schloß der Haustür hinter ihr einklinkte, kam Barthel hinter dem Planwagen hervor.

«Wartet, Fräulein Judith», sagte er gutmütig, «ich leg Euch ein Schrittbrett in die Gasse hinaus. Ihr könntet sonst steckenbleiben!»

Mit einem Klaps vertrieb er ein nachbarliches Schwein, das am Gassenrand nach Abfällen wühlte. Am Morgen hatte es einen Gewitterguß gegeben, und nun trieb allerlei Freßbares, das aus Küchen und Handwerkerläden geflogen war, die Gosse entlang; unter der steigenden Hitze des Sommertages dampften in den ungepflasterten Straßen derbe Gerüche ...

Barthel sah zu, wie das Fräulein vorsichtig in die Mitte der Gasse trat und zog dann das Brett wieder ein. «Wollt Ihr nicht zum Markt?» erkundigte er sich und wies zur Straßenecke hinüber, von der der geschäftige Lärm des Markttages herüberdrang. Judith schüttelte den Kopf. «Ich will zum Haus in der oberen Torgasse, zur Patin. Sag's dem Vater, falls er fragt.»

Sie wandte sich nach links, geschickt die wenigen Schrittsteine in der Mitte der Gasse benutzend.

Auch vor dem ansehnlichen Eingang des schmalen, hochgegiebelten Hauses in der oberen Torgasse lag ein Schrittbrett, und das war auch nötig, denn nicht alle, die hier aus- und eingingen, konnten leichtfüßig über den Gossenrand springen. Judith half einer alten Frau hinüber, die auf zwei Stöcke gestützt daherkam, und dann auch noch gleich einer zweiten, die sich an einer Krücke schleppte. Es war die Stunde, zu der Frau Regula, ihre Patin, die Armen speiste. Drinnen auf der Diele stand jetzt ein mächtiger Kessel, aus dem jedem in eine Schüssel Suppe geschöpft wurde.

«Kommt Ihr mit herein, Fräulein?» fragte die Alte mit der Krücke. Doch Judith schüttelte den Kopf und winkte einer älteren

Frau zu, die von drinnen mit fragendem Gesicht in der Türöffnung erschien. «Ich bin gleich drin, Brigitte», rief sie hinüber; «ich gehe durch den Garten!»

Sie wandte sich zur Gartenpforte und stieg ein paar Stufen in das kleine Viereck herab, das vom Überhang einer Linde aus dem Nachbargarten überschattet wurde. Jetzt, Anfang Juli, stand der Baum in Blüte, und es war angenehm still hier im Garten, weil sich alles im Haus drängte.

Judith kannte dieses Haus von klein auf. Hierher war sie mit all ihren Freuden und Sorgen gelaufen, solange sie denken konnte, und hatte der Patin, die Mutterstelle an ihr vertrat, ihr Herz ausgeschüttet. Einen anderen Zufluchtsort gab es für sie auch heute, nach der ernsten Mitteilung des Vaters, nicht.

Solange sie denken konnte, hatte dieses Haus auch seinen Namen gehabt: «Das Haus in der oberen Torgasse» oder auch: «Das Haus der Spitalerinnen». Der zweite Name kam aus der Zeit, da Frau Regula, die jung Witwe geworden war, einer Eingebung ihres Herzens folgend, in ihm ein Spital eingerichtet und sich der Pflege der Kranken und Siechen gewidmet hatte. Es gab viele solche Hilfsbedürftigen in der Stadt! Denn wer in Krankheit und Alter keine Angehörigen hatte, die ihn pflegten, der war schlimm dran. Die Armen waren denn auch in Scharen zu Frau Regulas Haus gepilgert, bis diese erkennen mußte, daß ein einzelnes Haus nicht ausreichte. So waren die Kranken in das Spital der Deutschherren, des Deutschen Ritterordens, übergesiedelt, das dieser in der Nähe des Tores, unweit von Frau Regulas Haus, zur Siechenpflege eingerichtet hatte. Nur der Kreis von Frau Regulas Helferinnen, der inzwischen zu einer festen Gemeinschaft zusammengewachsen war, lebte weiterhin in diesem Haus, das dem Schutz des Ritterordens unterstellt war, und ging nun von dort aus der Krankenpflege im Ordensspital nach.

Es gab ähnliche Häuser auch in anderen Städten: Frauengemeinschaften, die halb im weltlichen Leben und halb in religiöser Bindung standen. Sie hatten ihren Ursprung in einer allgemeinen, weit ausgreifenden Bewegung der religiösen Unruhe, die viele Menschen der Zeit – vor allem aber die Frauen aller Stände – tief

bewegte. Sie suchten in diesen Häusern Abstand von den Zerstreuungen der Welt und bemühten sich um ein schlichtes Leben in der völligen Gemeinschaft allen Besitzes, wie es die Urgemeinde in Jerusalem nach dem Zeugnis der Apostelgeschichte geführt hatte. Man nannte diese Frauen meist mit dem gemeinsamen Namen der «Beginen», doch dem Haus in der oberen Torgasse war der Spitalerinnenname geblieben. Er führte ein wenig irre, denn er war eigentlich den Schwestern vorbehalten, die sich der Krankenpflege in den Häusern einzelner geistlicher Orden widmeten; aber in der Stadt nahm man das nicht so genau.

Judith ging langsam durch den Garten zum Hintereingang des Hauses. Die Patin war ja beschäftigt; deshalb konnte sie sich noch einen Augenblick auf die Bank setzen, die dort stand. Doch auf der Bank saß schon jemand – ein Mädchen, vielleicht etwas jünger als Judith selber. Es war mit Spinnen beschäftigt, oder besser: es mühte sich mit Spinnrad und Spindel ab. Aber ein Blutstropfen am Finger und ein paar Blutstreifen an der Flachsdocke zeigten, daß hier jemand erst lernte.

Judith kannte viele Frauen dieser Gemeinschaft von ihren früheren Besuchen her, und sie war sicher, daß sie dieses Mädchen noch nie gesehen hatte. Ein Mädchen, das nicht spinnen konnte! Erstaunt musterte sie die Fremde näher. Sie war sehr hübsch, auf eine seltsam wilde Art, die nicht recht zu der Geduld passen wollte, mit der sie sich beim Spinnen abmühte. Noch zwei andere Dinge waren merkwürdig. Ihr graubrauner Kittel, der noch um einiges gröber und kunstloser war als jener der übrigen Frauen im Hause, war mit einem derben Hanfstrick gegürtet; und das dicke blonde Haar unter einem lose um den Kopf geschlungenen Leinentuch war kurz abgeschnitten. Kein Mädchen in der Stadt hätte in dieser Weise Hand an sein Haar gelegt, und keines auch wäre barfuß in so groben Sandalen gegangen! Doch in den Augen des fremden Mädchens lag eine sanfte, eigensinnige Entschlossenheit, als wisse sie dies alles und wolle es ganz genau so haben.

«Woher kommst du?» fragte Judith unwillkürlich und setzte rasch hinzu: «Ich meine – hat dich niemand das Spinnen gelehrt, als du klein warst?»

Das Mädchen schüttelte den Kopf. «Ich komm von dort oben her –» und sie wies mit einer unbestimmten Handbewegung zu den Hügeln der Umgebung. «Bei uns war niemand, der mich das Spinnen hätte lehren können.»

Sie sah Judiths zweifelnden Blick und fügte hinzu: «Ich heiße Helwidis und komme vom Krähenstein.»

«Oh!»

«Warum Oh?»

«Weil vom Krähenstein –» Judith brach ab.

«Vom Krähenstein kommen die Raubritter», bestätigte das Mädchen trocken. «Meinst du das?»

«Ja.»

Die andere legte die Spindel beiseite. «Die Raubritter vom Krähenstein sind meine Brüder. Sie brauchen Geld, weil wir nichts mehr haben. Kein Land, kein Vieh, kein heiles Dach mehr über dem Kopf. Früher muß das anders gewesen sein, da hat's auch bei uns schöne Teppiche und silberne Becher gegeben, doch das ist lange her. Aber solange es meinen Brüdern nur ums Rauben ging, war's schon schlimm genug, doch vor ein paar Monaten haben sie einen erschlagen, einen aus dieser Stadt.»

«Ich weiß», sagte Judith leise.

«Hast du ihn gekannt? Georg Ermendinger hat er geheißen.»

Judith nickte, und das Mädchen fuhr fort: «Meine Brüder haben mir das Geld vor's Gesicht gehalten, das sie ihm abgenommen haben. Es klebte noch Blut am Sack, sonst hätte ich die Geschichte vielleicht gar nicht erfahren. Sie haben mir gesagt, das sei meine Mitgift, damit ich den roten Frieder vom Hohenklingen heiraten könne, ihren Kumpan. Der nähme mich nur um Geld, weil er ebenso arm sei wie wir. Da ist mir übel geworden – und ich bin fortgelaufen. Nicht wegen dem roten Frieder, der ist nicht uneben, aber weil ich nicht um Geld heiraten wollte, für das einer hat sterben müssen.»

Das Mädchen nahm die Spindel wieder auf, ohne doch mit der Arbeit zu beginnen. «Ins Tal hinunter bin ich gelaufen, in die Abtei, zu den Benediktinerinnen, und dort habe ich an die Pforte geklopft. Sie kannten meinen Namen, o ja! Früher, als wir noch reich waren, haben viele Frauen aus meiner Familie dort unten den Schleier genommen. Eine ist sogar Äbtissin gewesen, und damals haben die Nonnen der Abtei Land und Leute von uns geschenkt bekommen. Sie wußten das auch, und sie waren freundlich zu mir. Wenn meine Brüder mich ordentlich übergeben würden, dann könne ich bei ihnen eintreten, haben sie gesagt. Und wenn ich eine gute Mitgift mitbrächte, natürlich. Sie wollten mich nach Hause bringen lassen, des Anstands wegen, aber ich bin ihnen entwischt. Mitgift! Soll ich mich mit Blutgeld ins Kloster einkaufen?! Meinen Brüdern wäre es zuzutrauen, daß sie sich darauf einlassen, denn sie müssen mich ja versorgen. Aber ich will das nicht! Ich bin zum Stadttor gerannt, weil ich dachte, es gäbe in der Stadt vielleicht noch ein anderes Frauenkloster. Aber es gibt keines, und ich wäre in meiner Verzweiflung wohl geradewegs zum Haus der «Gemeinen Frauen», zu den städtischen Dirnen, gelaufen, wenn nicht bei der Torwache ein vernünftiger Mann gewesen wäre. Der hat mich hierher gebracht, und Frau Regula hat mich behalten. Hier will ich beten – für meine Brüder und für die Seele von dem Georg Ermendinger, den sie erschlagen haben. Und nie wieder will ich das Wort Mitgift hören! Wenn ich in ein Haus eintrete, bringe ich mich selber ein, und das ist mehr als jede Mitgift!»

Helwidis besann sich. «Aber was machst du hier?» fragte sie Judith. «Ich besuche meine Patin, die Frau Regula», sagte diese, erschrocken über soviel Leidenschaft und zugleich unwiderstehlich angezogen von diesem wilden Geschöpf, das für den Georg beten wollte.

«Sie ist deine Patin? Du kommst hier aus der Stadt?» fragte Helwidis weiter und musterte ihr Gegenüber – das fliederfarbene Kleid aus feinem Tuch, das Brusttuch aus flandrischer Spitze, die weißen Strümpfe, die schwarzen Schnallenschuhe, das bortengesäumte Umlegetuch.

«Ja, natürlich», sagte sie dann mit leiser Verachtung, «so feine Kleider gibt's nur in der Stadt. Ihr habt Geld! Aber ich will dir etwas sagen: Am Geld hängt das Unglück! Am Geld hängt die Gewalt und die Ungerechtigkeit in der Welt! Lieber will ich mit denen da» – und sie wies zum Haus hin, aus dem jetzt Frau Regulas Gäste heraushumpelten und -schlurften –, «lieber will ich mit diesen Elenden dort arm sein als reich mit den Reichen! Mein Leben lang will ich nichts mehr mit Geld zu tun haben, und mit Gewalt auch nicht. Ich will die Demut lernen, die Christus gelehrt hat. Aber ich weiß nicht, ob mir das in diesem Hause gelingen kann!»

«Warum nicht?» fragte Judith.

«Weil es hier nicht streng genug zugeht.»

«Nicht streng genug?!»

Judith kannte die Lebensform, die sich die Gemeinschaft selber gegeben hatte und die von Frau Regula, ihrer Meisterin, beaufsichtigt wurde. In ihr wurden zum Beispiel die Zeiten der kirchlichen Stundengebete, wenn auch in vereinfachter Form, fest eingehalten, und das hieß: Um sechs Uhr morgens fanden sich alle zu den «Laudes», den Lob- und Dankgebeten der Morgenmette in dem kleinen Gebetssaal des Hauses, dem Oratorium, zusammen. Danach begann die Arbeit. Die anderen Gebete des Tages wurden entweder am Arbeitsplatz, im Spital, oder aber zu Hause von Frau Regula gelesen. Diese benutzte dazu ihr Stundenbuch; das war ein Gebetbuch für Laien, das ungefähr mit dem offiziellen Gebetbuch der Kirche, dem Brevier, übereinstimmte. Das letzte Stundengebet des Tages, die Komplet um neun Uhr abends, wurde wieder gemeinsam gesprochen; jede, die nicht Dienst hatte, mußte danach für die Nacht im Hause bleiben. Kleidung, Essen und Trinken waren äußerst einfach; Müßiggang kam nicht vor. Und selbstverständlich galt für alle

Frauen, die hier Aufnahme fanden, das Gebot der Ehelosigkeit, der Verzicht auf eine eigene Familie. Und das nannte die Fremde nicht streng genug!

Helwidis nahm nun die Spindel wieder auf. «Wir sollen nicht müßig schwatzen», sagte sie, als habe sie Judiths Gedanken erraten. Sie wandte sich ihrer Arbeit zu und sah erst wieder auf, als eine Frau durch die Gartenpforte kam und mit einem Gruß an ihnen vorbei ins Haus ging. An ihrem Arm hing ein Korb mit Leinwand. «Das ist doch die Gertrud, die zum Markt wollte», sagte Helwidis, ihren Vorsatz vergessend; «warum bringt sie denn die Leinwand wieder zurück?»

Ehe Judith noch fragen konnte, was es denn mit der Leinwand auf sich habe, kam aus dem Haus ein Mädchen gelaufen, ein wenig älter als sie beide, und setzte sich zutraulich neben Helwidis, ohne Judith zu beachten.

«Es blutet wieder», sagte sie, und an der kindlichen Stimme erkannte Judith, daß das Mädchen ein wenig zurückgeblieben war; ein wenig einfältig, wie man das nannte.

Helwidis streichelte sie. «Das kommt nur daher, daß du nicht dabei warst, Elsbeth», sagte sie freundlich. «Ich bin zu ungeschickt. Da, willst du es in Ordnung bringen? Du kannst das so gut.»

Eifrig nahm Elsbeth die Spindel und entwirrte den Faden. Dann gab sie sie Helwidis zurück. «Ich bleib jetzt bei dir. Sonst stichst du dich wieder», sagte sie.

Judith wechselte einen Blick mit dem Mädchen aus dem Raubritternest und erhob sich dann. «Ich muß zur Patin», sagte sie. «Vielleicht sehen wir uns ja nachher noch einmal.»

Drinnen in der Diele verabschiedete Frau Regula die letzten Mittagsgäste. Sie sprach mit jedem einzeln, gab hier einen ärztlichen Rat, dort ein Büchschen mit Salbe oder ein Stück Brot für den Abend; dann ließ Brigitte, die Pförtnerin, sie hinaus.

Als Frau Regula ihr Patenkind sah, hellte sich ihr Gesicht auf. «Du warst lange nicht mehr hier, Judith. Warte, ich bin gleich fertig!»

Auch Gertrud, die Frau mit dem Leinenkorb, wartete, bis Frau Regula beide in die Stube führte.

«Kommen wir erst zu dir, Gertrud», sagte sie. «Hat es wieder Ärger gegeben?»

Gertrud nickte. «Die Leineweber haben Klage beim Marktaufseher erhoben! Wir würden ihre Preise unterbieten, haben sie gesagt, und das könnten sie sich nicht gefallen lassen.» «Aber der Marktaufseher weiß doch, daß wir um einen Gotteslohn spinnen und weben, und daß wir das Geld an die Armen wenden. Hast du ihm das nicht noch einmal erklärt?» «Doch. Und er war auch ganz einsichtig. Aber die Weber haben ihn bedrängt und gesagt, sie würden die Sache vor den Rat bringen. Und einer hat auch gesagt, wir sollten uns hüten, denn man wisse nie so genau, was in einem Haus voller Frauen vorgehe. Es gebe ja wieder viel Ketzerei im Lande.»

Frau Regula seufzte. «Immer die alten Torheiten, immer diese lächerliche Beginenfurcht! Aber man darf sie nicht leichtnehmen; denn es hat andernorts sogar schon blutige Verfolgungen von Frauen gegeben, die man der Ketzerei bezichtigte. Was tun wir nun?

Ich hätte das Geld grade jetzt gut brauchen können, denn Herr Johannes, unser Schutzvogt und Anwalt, wird nicht vor drei Tagen mit den Zinseinnahmen von unserem Wirtschaftshof kommen.»

Herr Johannes Thurner, das wußte Judith, war seit langem der Berater und Bevollmächtigte des Spitalerinnenhauses in weltlichen Fragen; er war mit Frau Regula schon aus der Zeit bekannt, da ihr Mann noch lebte. Sein großes Vermögen und seine weitläufigen Verbindungen mit dem städtischen Patriziat und den ritterlichen Familien der Umgebung waren eine gute Voraussetzung für diese Arbeit. Er hatte es übernommen, die Geschäfte des Hauses nach außen zu führen, und er tat das einerseits aus alter Freundschaft, zum anderen aber auch, weil es ein gottwohlgefälliges Werk war, einer Gruppe frommer Frauen zu helfen und sie zu schützen. Denn alleine konnten Frauen in der Öffentlichkeit nichts ausrichten, so gut sie sich auch in ihren eigenen Geschäften oder denen ihrer Väter, Brüder oder Ehemänner auskennen mochten. Eine Frau mußte schon sehr energisch sein, wenn ihre Macht nicht an der Tür von Laden, Kontor oder Werkstatt enden sollte, und Frau Regulas Energie war von anderer Art.

In diesem Augenblick klopfte es an der Tür, und Brigitte, die Pförtnerin, trat ein. Sie wartete ehrerbietig, bis Frau Regula sich ihr zuwandte, und erklärte dann: «Es ist eben ein Bote von Herrn Johannes gekommen, Frau Meisterin. Dieser läßt Euch sagen, er sei krank geworden und müsse leider seinen Ritt über Land, bei dem er auch Euer Gut aufsuchen wollte, verschieben. Falls Ihr es wünscht, will er Euch aber gern etwas Geld vorstrecken; der Bote kommt später noch einmal wieder.»

«Krank?» fragte Frau Regula erschrocken; «hat der Bote Näheres gesagt?»

«Es könne eine Weile dauern, bis sein Herr wieder gesund sei, hat er gemeint, und Ihr könntet wohl nicht so rasch mit den Geldern aus Eurer Wirtschaft rechnen», erwiderte Brigitte.

«Es ist gut, Brigitte», sagte Frau Regula; «geh wieder an die Pforte zurück!»

Brigitte ging, und Frau Regula sagte ratlos: «Es kommt aber auch immer alles zusammen! Die Sache mit dem Markt ist schlimm genug, und jetzt fällt auch noch der Zins aus! Mit dem Vorstrecken von Geld ist es außerdem nicht getan; der Verwalter muß auch Anweisungen für die Wirtschaft bekommen. Es muß mit ihm besprochen werden, was gekauft und verkauft werden soll, und es ist auch sonst manches zu regeln. Daß man als Frau aber auch so unselbständig sein muß!»

Offensichtlich war dies keine günstige Stunde für Judiths Probleme, und so stellte sich diese lieber auf die Sorgen der Patin um. «Man muß ja nicht unselbständiger sein als nötig!» antwortete sie. «Wäre denn unter den Schwestern im Hause eine, die notfalls die Verhandlungen mit dem Verwalter führen könnte, oder müßtest du dazu selbst reisen, Patin?»

Frau Regula schüttelte den Kopf. «Nein, das könnte ich zum Beispiel der Katharina anvertrauen; die kennt sich in Wirtschaftsfragen aus, weil ihr Vater ein großes Klostergut der Benediktinerinnen bewirtschaftet. Aber wie sollte ich sie schicken? Selbst wenn ich ihr eine andere Schwester mitgäbe, wäre das sehr unschicklich, und es wäre gefährlich dazu, denn sie hätten auf dem Rückweg ja Geld bei sich. Nein, das geht nicht.»

Aber Judith ließ nicht locker. Sie besaß die Art Energie, die man in solchen Lagen brauchte, und sie war es außerdem gewöhnt, sich selber zu helfen; denn es kam bei den häufigen Abwesenheiten des Vaters oft vor, daß sie an seiner Stelle geschäftliche Entscheidungen treffen mußte.

«Ich mache dir einen Vorschlag, Patin», sagte sie. «Morgen früh bricht der Vater zu einer Geschäftsfahrt auf. Er nimmt den Fuhrknecht mit, aber er läßt mir den Heiner, unseren Hausknecht, hier. Kann die Katharina reiten?»

«Ich denke schon.»

«Dann soll der Heiner sie begleiten. Wir haben außer den Frachtgäulen noch zwei Pferde im Stall, die können sie benutzen. Zu Pferd schaffen sie es in einem Tag, und es ist ja abends noch lange hell. Der Heiner ist zuverlässig und umsichtig, und wenn die Katharina in Begleitung reitet, kann niemand etwas sagen. Du mußt natürlich Herrn Johannes davon unterrichten, daß du diesmal selber verhandeln willst.»

Frau Regula atmete auf.

«Jemanden wie dich kann man brauchen, Judith!» sagte sie. «Damit ist mir geholfen. Zwar schickt es sich dennoch nicht, eine Spitalerin zu Pferd über Land zu schicken, aber ich habe lieber die Katharina mitsamt dem Geld morgen abend wohlbehalten im Haus, als daß ich ins Ungewisse hinein Geld borge oder aber die Sicherheit von Schwestern aufs Spiel setze. Dank dir, Kind! Dein Vater wird ja hoffentlich wissen, was er an dir für einen Schatz hat! Aber nun erzähl, was dich hertreibt. Du wirst ja nicht wegen unserer Nöte gekommen sein, auch wenn's gerade so aussieht!»

Judith konnte nun endlich von dem Gespräch mit dem Vater berichten. «So steht es also», schloß sie. «Um Martini ist die Hochzeit, und dann soll ich gehen und den Anton Magerlein heiraten.»

«Magst du den Anton?» fragte Frau Regula.

«Nein», erwiderte Judith, entschlossener denn je.

«So helf dir Gott, du armes Ding! Was willst du tun?»

«Das wollte ich mit dir besprechen, Patin.»

Frau Regula lehnte sich in ihren Stuhl zurück. Sie wollte aus Gewohnheit nach ihrer Spindel greifen, aber sie zog die Hand wieder zurück. Dies war kein Spinnstubengespräch.

«Da ist schwer zu raten, Kind», sagte sie dann. «Man muß ganz gewiß keinen Mann nehmen, den man nicht mag; denn mit der Heirat würde man ihm ja nicht nur in sein Haus folgen, sondern ihm fortan auch sonst in allem gehorchen müssen. Da sei Gott vor! Aber wenn man eine Ehe nicht will, dann muß man sich für etwas anderes entscheiden, damit man aufgehoben ist. Aufgehoben und versorgt muß eine Frau eben sein, verheiratet oder nicht; selbst eine Magd steht ja im Schutz ihres Herrn.»

«Auch wenn man nicht ganz arm ist?» fragte Judith widerstrebend; «was wäre denn mit meiner Mitgift?»

«Du bekommst ja die Mitgift nicht selber, sondern sie wird dir mitgegeben, wenn du in ein eigenes Haus gehst, deshalb heißt sie auch so. Wenn du das nicht tust, hast du keinen rechten Anspruch auf sie; nur eine Witwe kann über ihre Mitgift verfügen. Irgendwohin mußt du schon gehen, wenn in deinem Elternhaus kein Platz mehr für dich ist; deshalb müssen wir uns die Sache mit dem Anton doch gründlich überlegen!»

Plötzlich fiel Judith das Mädchen wieder ein, das gesagt hatte: «Nie wieder will ich das Wort Mitgift hören, ich bringe *mich selber* ein!» Auf einmal schien es ihr nicht mehr so wichtig, über sich selbst nachzudenken.

«Danke, Patin», sagte sie; «laß uns weiterreden, wenn wir beide nachgedacht haben; ein klein wenig Zeit ist ja noch. Ich wüßte aber gern noch etwas über eine von deinen neuen Schwestern; ich hab sie draußen getroffen –»

«Du meinst die Helwidis, nicht wahr?» fragte Frau Regula lächelnd; «wie gefiel sie dir?»

«Gut. Sehr gut sogar.»

«Sie ist auch gut. Aber das bringt mich auf ein anderes Problem: Die Seelsorge hier im Hause reicht nicht aus, und seit die Helwidis da ist, schon gar nicht mehr.»

«Warum nicht?» fragte Judith.

«Meinst du, ein Mädchen wie Helwidis lasse sich in ein Haus wie das unsere eingliedern, ohne daß ihr jemand dabei einen inneren Weg wiese?» fragte die Patin dagegen. «Ich fürchte, selbst dann wird es schwierig werden, denn ein Feuer, wie sie es hat, kann jede Gemeinschaft sprengen. Hast du den Strick gesehen, mit dem sie sich gürtet? Und die abgeschnittenen Haare?»

Judith bejahte.

«Und weißt du, was sie bedeuten?»

«Der Strick erinnert mich an die Brüder vom Franziskanerorden, an die Minderbrüder, die manchmal durch die Stadt wandern.»

Frau Regula nickte. «Genau das. Und das Abschneiden des Haares ist das Zeichen für die Absage an die Welt. Es gehört eigentlich zur Einkleidung einer Nonne. Die Helwidis will damit sagen, daß sie sich in unserem Haus nicht streng genug gebunden fühlt. Nein, die Seelsorge, die wir jetzt haben, reicht dafür nicht aus!»

Sie griff nun doch nach der Spindel. «Es kommt regelmäßig einer der alten Kapläne der Deutschherren zur Seelsorge zu uns herüber, das hat Herr Johannes für uns ausgehandelt. An den hohen Feiertagen dagegen sind wir zu Kirchgang und Beichte in der Pfarrkirche verpflichtet. Aber das genügt nicht, und die sanften alten Geistlichen verstehen nicht viel von unseren Problemen; woher sollten sie auch? Ich muß mit Herrn Johannes auch darüber sprechen, sobald er wieder gesund ist.»

Es war Frau Regula ernst mit ihren Sorgen, das war deutlich zu merken, und doch hätte Judith plötzlich gern mit ihr getauscht. Wenn sie jetzt schon an den Georg nur noch mit Trauer zurückdenken konnte, dann mußte es doch weit besser sein, sich über etwas wirklich Lohnendes den Kopf zu zerbrechen als ausgerechnet über den Anton Magerlein!

Die Brüder vom Predigerorden

«Ich bringe dich bis zur Tür», sagte die Patin, als Judith sich zum Gehen anschickte; «ich muß der Brigitte noch sagen, was sie dem Boten von Herrn Johannes ausrichten soll, wenn er wiederkommt.»

Doch in der Diele war keine Brigitte zu sehen. Die Haustür stand offen, und von den Stufen draußen war leises Reden zu hören. Dort hatte sich eine ganze Versammlung eingefunden: Brigitte, Helwidis, Elsbeth, zwei Nachzüglerinnen der Gäste und eine junge Frau, die Judith nicht kannte. Auf eine andere Weise als Helwidis wollte aber auch sie nicht recht zu den übrigen Bewohnerinnen des Hauses passen.

Als die Meisterin unter der Tür erschien, wandten sich alle erschrocken um.

«Müßiggang zur Arbeitszeit?» fragte Frau Regula erstaunt; «und unnötiges Schwatzen am hellen Tag? Was soll das? Brigitte? Helwidis? Magdalena?»

Sie sah von einer zur anderen. Magdalena mußte die junge Frau sein, die Judith nicht kannte.

Brigitte machte sich zur Sprecherin. «Verzeiht, Meisterin», sagte sie, «aber denkt Euch, der Bruder Bertram kommt! Die Gassenbuben haben's eben die Straße hinuntergerufen. Der Bruder Bertram vom Dominikanerorden, der Prediger, von dem die Leute soviel reden. Ihr selbst habt doch von ihm gesprochen, wißt Ihr nicht mehr? Herr Johannes hatte Euch erzählt, daß der Bruder den neuen

Konvent seines Ordens hier in der Stadt besuchen und danach für alles Volk auf dem Marktplatz predigen wolle!» Die sonst so ruhige Brigitte war ganz aufgeregt.

«Richtig», sagte Frau Regula, sich besinnend. «Und er kommt heute schon? Wie dumm, daß ich das nicht früher gewußt habe! Ich hätte sonst Herrn Johannes um eine Anfrage beim Prior des Klosters gebeten, ob sich der Bruder Bertram auch für unser Haus einen Augenblick Zeit nehmen könne. Ach, wie schade!»

Die Brüder vom jungen Orden des heiligen Dominikus, die man nach ihrer wichtigsten Aufgabe auch die Predigerbrüder nannte, hatten vor kurzer Zeit ein Kloster in der Stadt begründet. Diesem also galt der Besuch des Bruder Bertram.

«Schade», sagte Frau Regula noch einmal; «niemand kümmert sich so gewissenhaft um uns Frauen, die wir in Gemeinschaften leben, wie die Dominikaner. Mir wäre sehr an einem Gespräch gelegen gewesen.»

Helwidis griff nach Frau Regulas Hand. «Da, seht!» sagte sie. «Da kommt er.»

Die Torwache ließ eben eine kleine Gruppe von Brüdern, die an dem weißen Habit mit dem schwarzen Mantel leicht als Dominikaner zu erkennen waren, durch das Stadttor ein. Zwei von ihnen gehörten dem neuen Brüderkonvent der Stadt an, die beiden anderen waren Fremde, und der ältere von ihnen mußte der bekannte Prediger sein. Am Straßenrand begannen sich Menschen zu sammeln.

Plötzlich, ehe irgend jemand etwas sagen oder sie halten konnte, sprang Helwidis die Stufen hinunter, lief der Gruppe entgegen und warf sich vor Bruder Bertram auf den Boden. Elsbeth folgte ihr und dann die junge Frau, die Judith nicht kannte. Nun war kein Halten mehr. Brigitte und die beiden anderen Frauen liefen ihnen nach, und ehe Judith wußte, wie ihr geschah, kniete auch sie selbst auf der Straße. Frau Regula stieß einen kleinen, erschrockenen Laut aus, aber dann trat sie kurz entschlossen herzu. Bot sich hier vielleicht die Gelegenheit, die sie sich eben gewünscht hatte?

«Ehrwürdiger Vater», sagte sie, «betrachtet bitte das Verhalten meiner Schwestern nicht als ungehörig! Eure Mitbrüder hier können Euch bezeugen, daß wir Spitalerinnen in der Stadt einen untadeligen Ruf genießen. Aber niemand kennt ja besser als Ihr, als die Brüder vom Predigerorden, das Drängen von uns Frauen nach Betreuung und Leitung. Wenn Eure Zeit es erlaubt, schenkt uns ein kurzes Wort des Zuspruchs!» Damit ließ auch sie selbst sich auf die Knie nieder.

Die Blicke der beiden städtischen Brüder blieben an der jungen Frau hängen, die Judith nicht kannte. Aber auch sie selbst, die sich ihrer weltlichen Kleidung mit Unbehagen bewußt wurde, fühlte einen Blick auf sich ruhen.

Doch der Bruder Bertram mußte wohl ein erfahrener Prediger sein, und vielleicht kannte er solche Situationen. Er nickte auf Frau Regulas Worte hin nur kurz und erhob dann seine Hand über die knienden Frauen.

«Was könnte meine Zeit besseres erlauben als ein Wort an euch Schwestern?» fragte er freundlich. «Hat uns Christus nicht auch darin ein Beispiel gegeben, daß er seine Worte und Lehren nicht zuletzt an Frauen richtete? Selbst der Sünderin, jener Maria Magdalena, vergab er ja; sollten wir da nicht erst recht euch, die ihr euch dem Dienst an den Ärmsten unter uns widmet, ein Wort des Zuspruchs und der Ermutigung schuldig sein?»

Er blickte sich um. Inzwischen hatte sich ein dichter Volkshaufen angesammelt, und so sprach er nun die Umstehenden mit an. «Gewiß kennt ihr alle das Gleichnis vom Sämann, der ausging, um Korn zu säen! Aber wißt ihr auch, wie der heilige Augustinus es auf die Frauen angewendet hat? Eine gute Frau im weltlichen Ehestand, so sagt er, trage dem Dienste des Herrn gewissermaßen dreißigfache Frucht; eine fromme Witwe dagegen erbringe das sechzigfache des ausgesäten Gutes; eine keusche, gottgeweihte Jungfrau aber trage hundertfache Frucht.»

Er wandte sich wieder der knienden Gruppe zu; sein Blick fiel auf Helwidis.

«Wenn aber eine von euch wirklich unruhigen Herzens ist», fuhr er fort, «dann laßt euch an die Frauen erinnern, denen der Herr sich besonders zuwandte. Jene Maria, die zu seinen Füßen saß und nur auf seine Verkündigung horchte, der sprach er das bessere Teil zu, während er Martha, die ihm zuliebe in den Pflichten des Alltags auf-

ging, geringer wertete. Prüft euch, eine jede von euch, ob sie ihr Teil schon richtig erwählt hat!»

Wieder warf er einen Blick auf die rasch wachsende Menge seiner Zuhörer.

«Ich muß wohl zusehen, daß mir heute abend noch etwas zu sagen übrigbleibt», wandte er sich scherzend an Frau Regula. «Laßt ihr Frauen euch jetzt nur noch ermahnen, daß ihr nicht zu jenen törichten Jungfrauen in dem anderen Gleichnis gehört, denen beim Nahen des Herrn das Öl auf ihren Lämpchen ausgegangen war; daß ihr vielmehr zu denen zählt, die in der Stunde der Herrlichkeit mit ihm einziehen dürfen.»

Und nach einer letzten, segnenden Geste setzte er seinen Weg fort, dicht gefolgt von den Menschen am Straßenrand.

Die Frauen erhoben sich, als letzte Helwidis. Schweigend kehrte die Gruppe ins Haus zurück, und ohne daß die Meisterin etwas zu sagen brauchte, ging jede an ihre Arbeit. Helwidis' Augen glänzten, und der jungen Frau, die Judith nicht kannte, liefen Tränen über das Gesicht.

Judith war dankbar, daß die Patin sie noch einmal mit in ihr Zimmer nahm. «Da hast du gesehen, was uns fehlt», sagte diese. «Wir brauchen mehr Hilfe, mehr Ermutigung und vor allem brauchen wir jemanden, der ganz direkt auf uns eingeht und uns versteht. Diese Begegnung soll mir ein Zeichen sein, unsere Betreuung nicht mehr dem Zufall zu überlassen. Ich hatte schon länger überlegt, ob ich mich deswegen an die Predigerbrüder wenden solle, da es sie ja nun in der Stadt gibt. Jetzt will ich das tun und will auch die Drohungen, von denen Gertrud berichtet hat, mit ihnen besprechen. Der Bruder Bertram hat mir Mut dazu gemacht.»

Sie warf einen prüfenden Blick auf Judiths Rock. «Wir müssen nach deinem Kleid sehen, Kind; es hat Flecken bekommen, und was für uns schlichte Frauen recht ist, schickt sich nicht für die Welt!»

Während Judith den Straßenschmutz aus ihrem Rock rieb, fragte sie nach der jungen Frau, die geweint hatte.

«Ist sie dir aufgefallen? Das ist Magdalena. Und sie war – nun, sie war bis vor kurzem eine Dirne. Sie klopfte eines Nachts bei uns an; aber ich habe lange geschwankt, ob ich sie behalten durfte, denn das Geschwätz der Leute holt ein Haus wie das unsrige schnell ein. Lieber hätte ich sie dem Orden der Magdalenerinnen oder Reuerinnen übergeben, der seine Häuser eigens für diese Frauen gründet. Aber es gibt kein solches Haus in der Nähe, und Magdalena wollte gern hierbleiben.»

Frau Regula ließ den letzten Zipfel von Judiths Rock fahren. «Es ist alles herausgegangen», sagte sie befriedigt, aber sie kehrte doch noch einmal zu ihrem Thema zurück. «Magdalena hieß früher anders», erklärte sie; «sie nennt sich mit diesem Namen erst, seit sie hier ist. Er soll die anderen Frauen daran erinnern, wie Christus mit der Sünderin umging. Hast du übrigens bemerkt, daß der Prediger im Ganzen drei Frauen aus dem Evangelium nannte?»

«Ja: Maria, Martha und Magdalena», erwiderte Judith; «sie sind sehr verschieden, die drei!»

«Und doch», sagte Frau Regula, «und doch besteht jede Frauengemeinschaft, wenn man es recht bedenkt, aus diesen drei Frauen, aus vielen von ihnen. Überall gibt es die Marien, die nur aus Hingabe ohne jedes Fragen bestehen; dann die Marthen, die sich Mühe geben, dem Herrn das Haus zu bereiten, und schließlich die Magdalenen, denen viel vergeben werden muß, weil sie viel geliebt haben.»

«Und wer bist du, Patin?» fragte Judith unwillkürlich.

«Martha», sagte diese lächelnd.

Auch Judith lachte. Aber sie war noch nicht fertig mit den Gedanken, die das kleine Ereignis in ihr ausgelöst hatte. «Das Gleichnis mit dem Sämann –» sagte sie zögernd; «oder vielmehr: die hundertfältige Frucht der Jungfrauen –»

«Das ist ein altes Bild aus den Anfängen der Kirche; der heilige Augustinus hat es oft gebraucht. Er wollte damit sagen, daß eine Frau wählen kann, wieviel sie Gott einbringen will, wenn sie sich zu seinem Dienst entschließt. Mit ihrer Unberührtheit, mit dem Verzicht auf weltliche Liebe, kann sie ihm mehr geben als eine Witwe und erst recht als ein armer Teufel wie Magdalena, ganz gleich, ob diese an ihrem Schicksal schuld hat oder nicht. Aber es heißt ja in der Bibel auch, im Himmel sei über einen reuigen Sünder mehr Freude als über hundert Gerechte; darauf hoffe ich für unsere Magdalena.»

Judith nickte. Daß die Jungfräulichkeit den Vorrang vor allen anderen Qualitäten hatte, das war klar und das wußte jeder; denn die Kirche und alle Gläubigen in ihr priesen und lobten ja täglich die Jungfrau Maria dafür. Sie hatte eigentlich etwas anderes gemeint: ob die Patin das wohl verstanden hatte?

Es schien so, denn Frau Regula fuhr fort: «Der heilige Augustinus hat wohl noch etwas anderes im Sinne gehabt, als er den jungen Mädchen einschärfte, auf ihre Unberührtheit zu achten, und vor allem, als er jedem Manne verbot, gegen ihren Willen an diese zu rühren: Er wollte ihnen damit ein Mittel in die Hand geben, sich einer verhaßten Ehe zu entziehen. Eine Frau mag im Alltag keine große Wahl haben; aber *diese* Wahl hat sie. Niemand kann sie zu einer Heirat gegen ihren Willen zwingen, wenn sie sich zu einem Gelübde der Keuschheit entschließt.»

«Zwingen würde mich wohl niemand», sagte Judith langsam; «aber es ist dennoch gut, das zu wissen. Danke, Patin!»

Drei Worte nahm Judith von diesem Vormittag mit nach Hause: «Wenn eine von euch unruhigen Herzens ist...» und: «Jede Frau muß sich ein Haus suchen...» und: «Niemand kann sie zu einer Heirat zwingen...» Auch Helwidis' trotziges: «Ich bringe mich selber ein...» klang nach.

Zu Hause warteten Liese, Barthel und Heiner mit der Nachricht, am Abend nach dem Vesperläuten werde der Bruder Bertram auf dem Marktplatz vor allem Volke predigen. In der Stadt sei eine große Aufregung.

Es war noch eine halbe Stunde bis zum Vesperläuten um sechs Uhr, als zwischen Judith und dem Vater alles besprochen war, was für die Zeit seiner Abwesenheit geregelt werden mußte. Auf das Gespräch vom Vormittag kam aber keiner von beiden mehr zurück.

Nach dem Abschied ging der Vater noch einmal in sein Kontor. Judith blieb unschlüssig auf dem Söller stehen. Dann ging sie hinunter und rief den Heiner. Mit dem mußte sie ohnehin noch wegen des Rittes zu Frau Regulas Wirtschaftshof sprechen; aber im Augenblick hatte sie etwas anderes vor.

«Ich würde gern die Predigt vom Bruder Bertram hören», sagte sie; «kannst du es einrichten, mich zu begleiten?» Das war nötig, denn es war ein Unterschied, ob man als Mädchen tagsüber die paar Schritte zum Haus der Patin alleine lief, oder ob man des Abends auf dem vollen Marktplatz ohne Begleitung gesehen wurde. Der Heiner war sehr bereit, seine Arbeit aufzuschieben und den berühmten Prediger selbst zu hören, und so drängte sich wenig später seine massige Gestalt, Judith einen Weg bahnend, durch die Menschenmenge auf dem Marktplatz. Es sah wirklich so aus, als sei die ganze Stadt auf den Beinen und als müßten die schmalen, dichtgedrängten Giebelhäuser mit ihrem geschnitzten Balkenschmuck und den Steintreppen vor den schönverzierten Eingängen allesamt leerstehen.

«Es ist halt Unruhe und Angst unter den Leuten, seit Kaiser und Papst sich so grausam gestritten haben», erklärte der Heiner; «und da meinen wohl viele, so ein wortgewaltiger Mann, der ja auch auf deutsch und nicht auf lateinisch predigt, habe etwas zu sagen, woran man sich halten könne.»

Es war richtig: Seit vor ein paar Jahren, in der Adventszeit des Jahres 1250, der letzte Stauferkaiser, der gewaltige Friedrich II., im Bannfluch der Kirche gestorben, war für viele Menschen die Welt nicht mehr heil. Vor allem eine freie Reichsstadt konnte sich verwaist und herrenlos vorkommen. Viele Stimmen meinten sogar, die ganze Ordnung der Welt sei nunmehr zerbrochen, und diese könne unmöglich mehr lange Bestand haben. Wie dem auch sein mochte, es gab viele Menschen, die auf ein Zeichen hofften, wie es weitergehen sollte, und deshalb war der Marktplatz so voll.

Als der Bruder Bertram zu reden begann, war seine Stimme nicht mehr leise und freundlich wie am Mittag, als er zu den Frauen gesprochen hatte, sondern so kräftig, daß sie jeden aus der dichtgedrängten Menge erreichte. Und es war, als habe er dem Heiner zugehört.

«Es ist Angst unter euch», sagte der Prediger, «und viele von euch fürchten sich wie die Schafe einer Herde, die den Hirten verloren hat. Aber woher kommt eure Unruhe?» Er beschrieb mit der Hand einen Kreis um den Marktplatz. «Ihr lebt in einer wohlverwahrten Stadt, die von Mauern und Gräben geschützt wird. Auf euren Türmen stehen Wächter, die jeden Feind schon von weitem melden; an euren Toren halten Torhüter Wache, die keinen Übelwollenden einlassen, auf euren Wehrgängen hinter den Mauern wandern Bewaffnete auf und ab. Und, was mehr ist: In eurem stolzen Rathaus beschließen besonnene Köpfe über das, was euch nutzt und frommt, und in euren hochgetürmten Kirchen hilft euch eure Geistlichkeit zu eurem Seelenheil. Wovor also fürchtet ihr euch?»

Der Prediger hielt inne und überblickte seine gebannt lauschende Zuhörerschaft.

«Ihr spürt den Unfrieden in der Christenheit», fuhr er fort, «ihr seht, daß es Streit gibt, und was für unerhörten Streit! Streit zwischen Kaiser und Papst, zwischen Obrigkeit und Volk, zwischen Orden und Weltklerus und schließlich den schlimmsten von allen, den Streit zwischen Rechtgläubigen und Ketzern.» Und er beschrieb weiter, wie die Menschen in ihrer Angst und Unsicherheit überall in Gefahr seien, sich von den Lehren der Kirche abzuwenden und ihr Heil in religiösen Irrlehren, in Lehren der Ketzerei, zu suchen. «Der Teufel, der Umstürzer, hat Eingang bei uns gefunden», erklärte er, «und er verwirrt nun die Christenheit. Gerade bei euch Städtern, die ihr so eng beieinander wohnt, erhebt die Ketzerei ihr Haupt, laßt euch warnen!»

Judith dachte an das Gespräch mit der Patin. Für eine Gemeinschaft, die mit dem Verdacht der Ketzerei zu kämpfen hatte, war der Bruder Bertram sicherlich ein guter Berater.

Nun kam der Prediger zu den persönlichen Nöten seiner Zuhörer. Wieder malte er das Bild eines festgefügten Bauwerks: des Tempels, den König Salomo zu Jerusalem errichtet hatte. «Nun seht», sagte er gewichtig, «ob jemand von uns wohl ein solches Gotteshaus bauen könnte: Innen ist es ganz und gar von lauterem Golde, so daß man sich darin spiegeln könnte, und außen ist es von Marmelstein und von kostbarem Holz.»

Das verfehlte in dieser wohlhabenden Stadt seine Wirkung nicht. Befriedigt fuhr der Prediger fort: «Vom Außenhof des Tempels aber gehen zwei Türen nach innen, die sind aus Gold und aus Ölbaumholz. Bei der einen Tür ist ein Altar, auf dem verbrennt süß duftendes Wurzelwerk, und innen weisen zwei Engel einen schönen und sanften Weg ins Innere des Tempels. Der Tempel aber, merkt wohl, ist ein Bild für das Himmelreich!»

Der Bruder Bertram machte eine Pause. «Und bei der anderen Tür, wollt ihr nun wissen? Da ist gar nichts Schönes! Hinter der erstreckt sich nur ein steiniger Weg!» Und er beschrieb die Mühsal dieses zweiten Weges. «Beide Wege aber, und nur diese beiden, führen ins Himmelreich! Und nur durch diese beiden Türen, behaltet das gut, gelangt man dorthin! Den schönen dürfen die Heiligen und die Unschuldigen und die Armen im Geiste gehen. Der andere, harte Weg ist für uns Sünder: es ist der Weg der Buße!» Während der Prediger der andächtig lauschenden Menge die Sünden beschrieb, für die solche Mühsal der angemessene Lohn war, und sie zugleich beschwor, sich auf keinen dritten Weg einzulassen, weil der schnurstracks zur Hölle führe, wanderten Judiths Gedanken ein wenig spazieren, obwohl gerade das eine der Sünden war, die der Bruder Bertram eben tadelte. Ein Haus, dessen Türen ins Himmelreich führen...

Nur langsam zerstreute sich die Menge nach dem Ende der Predigt. Judith sah von weitem die Gruppe der Spitalerinnen: Helwidis, Gertrud, sogar Brigitte, die Pförtnerin, und andere, die sie von früher kannte. Nur Magdalena und Frau Regula selbst fehlten; im Spital mußten heute abend die Pflegekräfte knapp sein.

Sehr nachdenklich ging sie, von Heiner gefolgt, die wenigen Schritte nach Hause. «Ein Haus, dessen Türen ins Himmelreich führen.» Wenn nur ihre eigenen Gedanken nicht so jagen würden! Wenn es jetzt ein Zeichen gäbe!

Vor dem väterlichen Hause wartete jemand.

«Guten Abend, Judith», sagte dieser Jemand mit einer Stimme, die sich vergeblich um einen gefälligen Klang bemühte. Mit einer nüchternen, freudlosen, banalen Stimme.

Judith klopfte das Herz, doch sie ging weiter. «Guten Abend, Anton», sagte sie beiläufig.

Doch der Wartende vertrat ihr den Weg auf die Stufen. «War es nicht auch dir aus dem Herzen gesprochen, was der Bruder Bertram über das goldglänzende festgefügte Haus gesagt hat?» fragte er erwartungsvoll und fügte mit einem lauernden Unterton hinzu: «Dein Vater hat dir ja wohl –»

Judith zögerte; dann wandte sie sich zu dem Heiner, der ihr auf dem Fuße folgte. Sie zog den hölzernen Hausschlüssel aus der Gürteltasche und reichte ihn dem Hausknecht. «Schließ auf, Heiner!» sagte sie.

«Erlaubt, Herr Magerlein!» Der Heiner schob sich in seiner ganzen Breite an dem Anton vorbei, öffnete die Haustür und ließ Judith in seinem mächtigen Schatten eintreten. Ein derber Fluch des Verschmähten war die Antwort.

Als Herr Michael Perchtinger im August von seiner Reise zurückkehrte, teilte Judith ihm mit, daß sie den Anton Magerlein nicht heiraten wolle. «Ich mag ihn nicht, und ich will mein Haus nicht ohne Liebe und ohne Freude gründen, Vater», sagte sie: «Ich will statt dessen in das Haus der Spitalerinnen eintreten. Das ist schon mit der Patin abgesprochen.»

Der Vater wurde sehr ernst. «Dazu wollte ich dich nicht nötigen, Judith», sagte er; «denn das ist ein halber Schritt aus der Welt heraus. Gewiß, das Haus in der oberen Torgasse ist kein Kloster; aber für seine Bewohnerinnen bedeutet der Eintritt doch den Verzicht auf die Welt. Ist das der Anton wert?»

«Du nötigst mich nicht, Vater, ich gehe freiwillig», erwiderte Judith; «und ich gehe gern.» Sie erzählte dem Vater von der kleinen Szene, die es beim Einzug des Predigers vor dem Hause der Patin gegeben hatte. «Ich meine gewiß nicht, mein Korn werde gleich hundertfach aufgehen; aber daß es bei den Spitalerinnen reichere Frucht trägt als in einer Ehe mit dem Anton, dessen bin ich sicher», sagte sie. Und unwillkürlich setzte sie hinzu: «Von dessen Haus gehen bestimmt keine Türen ins Himmelreich!»

Sie sah den erstaunten Blick des Vaters und fuhr rasch fort: «Wie ist es – bekomme ich für das Haus der Patin meine Mitgift?» Der Kaufmann überlegte. «Die Pforten der Beginen schließen nicht so dicht wie die eines Klosters. Du trittst dort als einzelne ein und kannst auch als einzelne wieder gehen, wenn dich dein Schritt reut. Ich gebe dir also die Hälfte deiner Mitgift und lege noch etwas von dem Meinigen dazu; denn an Frau Regulas Haus hätte ich längst eine Schenkung wenden müssen. Die andere Hälfte behalte ich zurück, falls du es dir anders überlegst.»

«Falls dich dein Schritt reut...» Er tat es nicht.

Aber das neue Leben fiel Judith am Anfang doch nicht leicht. Zu Hause hatte sie eine eigene Kammer mit einem weichen Bett und einer geräumigen, wohlgefüllten Kleidertruhe gehabt. Das Bett kam mit in den gemeinsamen Schlafsaal des Hauses in der oberen Torgasse, aber ohne Federkissen, denn die Spitalerinnen begnügten sich mit Strohsäcken als Matratzen. Die Kleidertruhe blieb ebenso zurück wie Judiths Schmuckkästchen mit den silbernen Ketten und Spangen, die ihr Vater von seinen Reisen mitgebracht hatte. Die Spitalerinnen trugen alle die gleiche, schlichte Tracht; Schmuck paßte ebensowenig wie kostbare Kleider zu dem Versprechen der Armut, das Judith beim Eintritt ablegte. In seiner äußeren Erscheinung freilich hatte das Haus seinen einstigen Charakter, den eines stattlichen Patrizierhauses, bewahrt, und das war Frau Regulas Absicht; denn da es ja halb der Welt zugewandt war, mußte es in ihr auch ein Ansehen haben. Aber das galt nur nach außen.

Der Schlafsaal nahm fast das ganze Obergeschoß ein; nur Frau Regula verfügte über eine eigene Kammer, wie sich das für die Leiterin des Hauses geziemte. Auch ein Versprechen des Gehorsams gegen diese, gegen die Meisterin, legte Judith wie alle anderen ab. Denn das dreifache Gelübde von Armut, Keuschheit und Gehorsam (das man auch die «consilia evangelica», die «evangelischen Räte», nannte) war nicht allein den Klosterleuten vorbehalten. Es wurde auch von vielen Menschen in der Welt, die sich den Bewegungen der Zeit geöffnet hatten, und erst recht von allen Beginen- und Pflegegemeinschaften eingehalten.

Anfangs wollte es Judith so vorkommen, als könne dieser Schlafsaal des Spitalerinnenhauses zwar die elf einfachen Bettstellen, aber niemals die Vielfalt seiner Bewohnerinnen fassen. Und dabei mußte man Brigitte noch mitrechnen; sie schlief als Pförtnerin auf einem eigenen Lager in der Diele nahe der Haustür, damit das Haus auch für nächtliche Besucher und Hilferufe nicht verschlossen blieb.

Es galt nun, die anderen richtig kennenzulernen.

Da war als erste Ursula. Sie war freilich kaum je im Hause anzutreffen, weil sie ihren Anteil an der Hausarbeit so oft wie möglich gegen zusätzlichen Dienst bei den Kranken im Spital eintauschte. Ihr Vater war Arzt gewesen und hatte der Tochter viel von seinem Wissen vermittelt. Ursula konnte deshalb auch lesen und schreiben, viel besser als Judith, die bei ihrem eigenen Vater mehr den Umgang mit Zahlen gelernt hatte. Aber es ging ihr doch mehr um die Hinwendung zu Kranken und Schwachen, vor allem zu Kindern, und sie benutzte ihre Lesekünste nur zum Nachschlagen von Rezepten und Kuren in den Büchern, die sie von ihrem Vater geerbt hatte. Diese Bücher waren unter ihrer Matratze im Schlafsaal verstaut, und dort wurden auch die Lese- und Schreibübungen abgehalten, die Ursula auf Bitten der Meisterin hin und wieder an die Gefährtinnen wandte. Eigentlich waren es lateinische Bücher, aber Ursula hatte mit kleinen sauberen Buchstaben den Inhalt der wichtigsten Stellen auf deutsch zwischen die Zeilen geschrieben. Sie konnte gerade so viel Latein, daß sie verstand, was sie in dem Text sonst noch brauchte.

«Ins Spital dürfte ich freilich kein Buch mitnehmen», vertraute sie Judith bei den gemeinsamen Wegen dorthin an, auf denen es sich leichter plaudern ließ als bei der Arbeit. «Der Spitalmeister mag es nicht, wenn ihm jemand hereinredet; er kann nicht lesen und wird ärgerlich, wenn andere es können.»

Die nächste, die Judith näher kennenlernte, war Katharina. Von ihr hatte schon der Heiner nach dem Ritt zu Frau Regulas Gut mit Respekt gesprochen. Sie wisse zuzupacken, hatte er gesagt, und man merke ihr an, daß sie vom Lande komme. Das war richtig, und ohne Katharina wäre die Meisterin mit vielem im Hause wohl kaum zurechtgekommen. Katharina verstand sich auf den Umgang mit allem Gerät und ersparte manchen Handwerker, der sonst aus der Stadt hätte gerufen werden müssen; denn einen eigenen Hausknecht gab es in einem Haus voller Frauen nicht.

Aber insgeheim war das kräftige, schweigsame Mädchen an ganz anderen Fragen interessiert: Sie war Ursulas erste Schülerin im Lesen und Schreiben gewesen und hatte diese inzwischen weit überholt. Sie übte sich zunächst an dem lateinischen Text der medizinischen Schriften, dann aber zunehmend an deren wissenschaftlichem Inhalt. Sie suchte sich auch sonst allerlei Geschriebenes zu-

sammen, und irgendwie brachte sie es sogar fertig, Zugang zu theologischen und philosophischen Fragen zu finden. An Katharina, so meinte Frau Regula im Scherz, sei gewiß ein Ordensgeistlicher, vielleicht sogar ein Ordensgelehrter verlorengegangen.

«Ganz einfach hat es der Spitalmeister weder mit der Ursula noch mit der Katharina», setzte sie hinzu; «aber er weiß doch, was er an beiden hat.»

Einfacher ließ es sich mit Barbara auskommen. Sie war eine junge Handwerkerswitwe, und eigentlich hätte sie es nicht nötig gehabt, zu den Spitalerinnen zu gehen. Denn die Zünfte sorgten für ihre Mitglieder und ließen auch die Witwen und Waisen nicht im Stich. Aber Barbara tat sich schwer mit der Welt und brauchte den Rückhalt an einer Gemeinschaft, die ihr Auseinandersetzungen und geschäftliche Fragen abnahm. So war sie dankbar gewesen, als Herr Johannes mit der Zunft den Verkauf ihrer Handwerkerstatt geregelt und sie mit dem Erlös in das Spitalerinnenhaus eingekauft hatte. Sie lebte dort also eigentlich von einer Rente, aber sie dachte nicht daran, deswegen weniger zu arbeiten als die anderen. Im Gegenteil: Jetzt, da ihr die Sorgen abgenommen waren, gab es keine fleißigere und tüchtigere Hausverwalterin als Bärbel. Frau Regula konnte ihr die Hauswirtschaft fast ganz überlassen, solange ihr nur jemand die Verhandlungen in der Welt draußen abnahm.

Diese Rolle fiel ganz von selbst der energischen Gertrud zu, die sich auf dem Markt durchzusetzen verstand und nicht so leicht einzuschüchtern war. Selbst Frau Regula ließ sich manchmal nicht ungern von Gertruds flinkem Mundwerk entlasten; freilich wußte man nie genau, wann es mit ihr durchging.

Wenn man zu diesen Frauen nun auch Helwidis, Magdalena und Elsbeth zählte, so gab es im Schlafsaal wirklich ebensoviele verschiedene Temperamente wie Lagerstätten, und es war gut, daß noch drei ältere Frauen für Stetigkeit im Umgang untereinander sorgten. Bertha, Dörthe und Agnes hatten sich früh dem Spitaldienst verschrieben; sie lebten schon seit vielen Jahren in dem Hause, das sie einst mitbegründet hatten.

Es war dennoch nicht immer leicht, das gebotene Gleichmaß im Umgang miteinander zu wahren – es gab Spannungen ebenso wie Bündnisse. Helwidis war der schüchternen Barbara unheimlich, und die «einfältige» Elsbeth, die von Helwidis nicht zu trennen war, ging der herben Katharina aus dem Weg. Nur wenn es einen der leisen, leidenschaftlichen Dispute um Schuld, Sünde und Vergebung gab, blieb sie wie festgebannt in deren Nähe stehen. Helwidis und die fröhliche Ursula mochten sich nur halb, und fremd wie ein wildes Tier war ihnen allen Magdalena, die ehemalige Dirne, die von den Bürgerstöchtern noch immer ein wenig verstohlen angesehen wurde. Es war ihr anzumerken, daß ihr bisheriges Leben ihr nachging, daß sie noch immer unter seinen Demütigungen litt. Vielleicht konnte sie deshalb keinen Kummer bei anderen mitansehen. Dann ruhte sie nicht, bis sie ihn besänftigt hatte.

Und Helwidis, das Mädchen aus der Raubritterburg, auf das Judith sich gefreut hatte? Zwischen ihr und Magdalena liefen unsichtbare Fäden, und mit ihr trug sich gleich anfangs eine eigentümliche Geschichte zu. Helwidis kam eines Tages später als die anderen vom Spitaldienst zurück, ein wenig benommen und wieder mit glänzenden Augen. An ihrem Rock waren frische Blutflecken zu sehen. Erschrocken nahm Frau Regula sie beiseite.

«Es ist heute ein verunglücktes Kind eingeliefert worden», berichtete Helwidis, «das war so schwer verletzt, daß es keine Hoffnung mehr gab, und niemand konnte ihm in seinen Schmerzen helfen. Da habe ich es in meinen Schoß gelegt und es gestreichelt, bis es ruhig wurde, und es ist dann ganz leise eingeschlafen, als spüre es keine Schmerzen mehr. Daher kommen die Blutflecken.»

«Ich bin dankbar für das Kind und auch für dich, Helwidis, daß du ihm so beim Sterben beistehen konntest», sagte Frau Regula ruhig. «Aber nun geh und wasch dir das Blut aus dem Kleid!» Helwidis zögerte. «Muß ich?» fragte sie. «Seht, Meisterin, als die Frauen, die beim Sterben unseres Herrn Jesus zugegen waren, ihn vom Kreuz abnehmen halfen, da muß doch auch auf ihre Kleider Blut gekommen sein, unschuldiges Blut. Darf das Blut hier nicht an meinem Rock bleiben? Ich habe so inbrünstig gebetet, als ich das Kind streichelte.»

So ruhig wie zuvor erwiderte Frau Regula: «Du überhebst dich, Helwidis! Wer bist du, daß du dich mit den Frauen unter dem Kreuz vergleichen dürftest? Wasch jetzt das Kleid aus; nach dem Vesperbrot wirst du für deine Anmaßung hundert Vaterunser beten.»

«Gern, Meisterin!» sagte Helwidis eifrig.«Ich will gleich damit anfangen und kein Vesperbrot essen, und ich will die ganze Woche über jeden Tag hundert Vaterunser und dazu noch so viele Ave Maria beten, wie ich schaffe!»

Doch Frau Regula schüttelte den Kopf. «Nur heute, Helwidis,

und du ißt mit den anderen die Vespermahlzeit. Von morgen ab kommst du abends zu mir und lernst lesen. Dein Geist geht müßig, und das ist nicht gut.»

«Wie machst du das nur, allen im Hause gerecht zu werden?» fragte Judith eines Abends, als sie schon lange genug im Hause war, um sich als eines seiner Mitglieder zu fühlen. Sie saß mit der Patin über den Abrechnungen des letzten Quartals, die Herr Johannes hereingereicht hatte. Diese wurden jedesmal von Frau Regula genau durchgesehen, und seit Judith im Hause war, wurde sie dazu herangezogen, sehr zur Erleichterung der anderen, von denen keine sich gern mit der Verwaltung abgab.

«Ich versuche, jeder einzelnen zu geben, was sie braucht, um eine der klugen Jungfrauen aus dem Gleichnis zu sein, von denen der Prediger neulich sprach; um jeder zu helfen, daß das Öl auf ihrer Lampe nicht ausgeht. Aber es ist schwierig, so für andere zu wachen, und manchmal bin ich entsetzlich müde davon!» Erschrocken blickte Judith die Patin an. Diese sah gar nicht gut aus, und sie schalt sich insgeheim dafür, daß sie das nicht eher bemerkt hatte.

«Fühlst du dich nicht wohl?» fragte sie besorgt.

«In letzter Zeit nicht immer, und manchmal habe ich Schmerzen. Ich bin dankbar, daß du da bist, Judith, sehr dankbar sogar! Aber laß uns weitermachen.»

Sie sahen die Abrechnungen durch, und Judith stellte die Posten der Einnahmen und Ausgaben zusammen, wie sie das bei ihrem Vater gelernt hatte. Sie ergaben keine gute Bilanz, denn die Einnahmen aus dem Zinsgut waren sehr zurückgegangen.

«Der Verwalter ist nicht gut», erklärte Frau Regula bedrückt. «Herr Johannes gibt das zu, aber er ist ein zu milder Mann, um hart mit einem schlechten Dienstmann umzugehen, der noch dazu nicht sein eigener ist. Er ist leider auch zu selten dort; ein solches Gut muß straff beaufsichtigt werden.»

«Das Bargeld wird kaum bis zum Ende des Quartals reichen», stellte Judith fest, «denn außer den Zinseinnahmen ist ja nur noch die Rente der Barbara da. Und die Schenkung meines Vaters.»

Judiths Vater hatte es nach einer Besprechung mit Frau Regula übernommen, die halbe Mitgift seiner Tochter selbst zu verwalten und dem Spitalerinnenhaus die Einkünfte aus ihr in Bargeld zu zahlen; das sparte diesem den Ärger mit der Aufsicht über den Besitz. Außerdem hatte er wirklich eine große zusätzliche Schenkung gemacht, die aber an eine Gegenleistung gebunden war: an ein Gebetsgedenken für seine verstorbene erste Frau, Judiths Mutter. Jetzt, da der Vater zum zweiten Mal geheiratet hatte, wollte er mit seinen alten Pflichten im reinen sein. «Da steht es!» Judith wies auf eine Eintragung im Rechnungsbuch; «Item für Totengedenken und Gebete für die verstorbene Frau Anne Perchtingerin: alljährlich sechs Schilling Silber, zu zahlen an Martini.» Und: «Item eine Geldrente aus den Einkünften meiner Mühle im Renzgrund als Mitgift für die Jungfer Judith Perchtingerin: fünf Schilling Silber im Quartal.»

Es war schon ein seltsames Gefühl, in den Gebeten des Hauses nicht nur des Georg Ermendinger, sondern auch der eigenen Mutter gedenken zu hören; aber fast noch seltsamer war es, dieses Gebet hier als Rechnungsposten unter anderen aufgeführt zu sehen. «In den Klöstern ist das gang und gäbe», erklärte Frau Regula, als Judith das sagte. «Aus den Stiftungen zum Totengedenken ziehen diese einen großen Teil ihrer Einkünfte. Die Männerklöster vor allem, weil das Gebet von Geistlichen eine ganz andere Kraft hat als das von Frauen. Aber dafür ist in den Frauenklöstern mehr Zeit zum Beten da, und das macht es dann wieder wett. Ich wünschte, Judith, dein Vater hätte mit seiner Stiftung an uns ein Beispiel in der Stadt gesetzt!»

Sie klappte das Buch zu. «Laß uns lieber noch ein wenig über das Haus sprechen, Judith! – Um die Katharina habe ich keine Sorge; sie wird sich immer in die Pflicht nehmen lassen, auch wenn ihre eigenen Neigungen dem entgegenstehen. Die Ursula dagegen – die könnte eine so große Hilfe sein, wenn sie sich nur fester ans Haus binden ließe. Aber ihr liegt fast mehr an ihrer Arbeit im Spital als an der Gemeinschaft. Bei der Barbara – bei der wird sich die Ängstlichkeit mit der Zeit legen, wenn man sie nicht drängt. Auf die kann man für das Haus zählen.» «Gewiß, Patin», sagte Judith wieder ein wenig erschrocken über den Wechsel des Themas; «aber sind wir denn schon mit den Abrechnungen fertig?»

«Für heute ja», erwiderte die Patin. «Ich bin wieder müde, und ich würde mir lieber meine Sorgen von der Seele reden. Wo waren wir? Ja, richtig. Jetzt käme die Elsbeth. Um die müßt ihr euch halt kümmern; solange das jemand tut, ist sie gut zu brauchen, auch im Spital, das weiß ich.»

Judith nickte. «Und Magdalena?»

«Der muß man Zeit lassen. Sie ist noch viel zu tief getroffen. Das Problem ist nur, daß sie im Spital nicht verwendbar ist, weil viele Männer sie noch von früher her kennen. Hier im Haus aber tut sie nur die grobe Arbeit, weil sie die andere nicht mag und kann, und das ist auf die Dauer nicht gut; wir dürfen sie nicht zur Magd machen. Die Magdalena wäre gut für Gebetspflichten zu gebrauchen, wenn wir mehr von ihnen hätten. Aber das eigentliche Problem ist Helwidis, denn Brigitte ist als Pförtnerin geübt und zuverlässig; die muß man nur walten lassen. Und Gertrud und die anderen älteren sind ohnehin vernünftig. Die Helwidis aber –! Ich habe mit dem Spitalmeister über die Geschichte mit dem sterbenden Kind gesprochen, und er hat sie mir bestätigt. Es gibt Menschen, denen über eine große, gebändigte Leidenschaft derartige Kräfte zuwachsen. Aber ein Weg in die Höhen, nach denen sie sich sehnt, muß über noch ganz andere Erfahrungen und Prüfungen führen.»

«Was willst du aber unternehmen?» fragte Judith. «Wird es etwas helfen, sie lesen zu lehren?»

«Vorläufig ja. Auf die Dauer braucht sie einen stärkeren Antrieb; etwas, das sie ganz und gar ausfüllt. Und nicht nur sie braucht ihn, sondern *ihr alle,* ihr Jüngeren.»

Sie lehnte sich in ihren Sessel zurück, ein ungewohnter Anblick bei der strengen Frau.

«Judith, ich mache mir meine eigenen Gedanken, aber heute will ich noch nicht über sie sprechen. Ich will dir nur erzählen, daß ich gleich nach dem Besuch des Bruders Bertram die Verbindung zu den Dominikanern hier in der Stadt aufgenommen habe, wie ich es mir damals überlegte. Ich habe sie um Betreuung und Seelsorge gebeten, denn es war ja an dem Tag mit Händen zu greifen, wie sehr uns beides fehlte. Der Bruder Bertram soll am Abend auf dem Marktplatz übrigens sehr eindringlich gepredigt haben; das haben mir die anderen erzählt. Du warst auch da, nicht wahr?»

Judith nickte. «Nicht zuletzt wegen dieser Predigt bin ich hierher gekommen», sagte sie. «Der Anton war nicht der einzige Grund, nicht einmal der wichtigste; er war nur der Anlaß, das wußte ich bald. Aber was haben denn die Brüder geantwortet?» «Ihr Prior hat geantwortet», erklärte Frau Regula seufzend, «daß ein kürzlich ergangener Beschluß ihrer Ordensleitung es den Dominikanern untersagt, bei Frauen, die nicht als Nonnen zum Orden gehören, Seelsorge zu üben. Offenbar fürchtet man, daß die Brüder sonst zu sehr von ihren eigentlichen Aufgaben abgezogen werden könnten.»

«Und das soll alles sein?» fragte Judith enttäuscht. Die Begegnung mit dem Prediger war eine Verheißung gewesen; das merkte sie jetzt wieder. Sie hatte insgeheim auf etwas gewartet, das in das Spitalerinnendasein hinein einen neuen Funken fallen ließ. Der Funke von damals hatte gezündet, aber nun fehlte dem Feuer die Nahrung.

«Nicht ganz», erwiderte Frau Regula. «Der Prior hat uns Mut gemacht, auf später zu hoffen. Er selbst und die Brüder seien bereit, uns zu helfen, und es könne im Orden auch wieder einen Stimmungswechsel geben. Einstweilen schickt uns der Lesemeister des Konvents, Bruder Nikolaus, etwas, das uns weiterhelfen kann. Schriften verschiedener Art, die eigens für Frauenklöster geschrieben sind. Sie betreffen genau unsere Fragen. Damit können wir einstweilen hier im Hause arbeiten.»

«Aber sie werden ja auf lateinisch geschrieben sein», sagte Judith. «Wer soll das übersetzen? Die Katharina allein?» Frau Regula schüttelte den Kopf. «Sie sind auf deutsch geschrieben, das ist es ja. Die Predigermönche wissen, daß wir Frauen kein Latein können, und weil sie ihre Aufgaben gewissenhaft wahrnehmen, sorgen sie bei den Schriften, die uns angehen, dafür, daß sie in der Volkssprache vorliegen. Wir müssen diese Texte nur für uns abschreiben, und dabei können alle mithelfen, die lesen und schreiben gelernt haben. Die Katharina ist schon Feuer und Flamme für den Plan. Sollen wir sie zu unserer Lesemeisterin machen?»

«Au ja!» Als die Frage am Abend wiederholt wurde, gab es einmütige Zustimmung, und Katharina mußte ihr Amt sofort antreten. Sie blätterte in einem schmalen Folianten und rollte ein paar Pergamentblätter mit Predigten auf.

«Da ist etwas Schönes», sagte sie; «eine Predigt für richtige Klosterleute! Das ist zwar zuviel Ehre für uns, aber schaden kann es ja nichts. Wollt ihr sie hören?»

«Au ja!»

«Also, hört zu!

‹Es sind dreierlei geistliche Leute, die sind gar klein vor Gott. Die ersten sind die, die sich nur vor Todsünden hüten und nicht vor anderen. Die werden ihrer Seele mit Sünden keinen großen Schaden tun, aber ihrem Leib auch keine großen Entbehrungen auferlegen. Die sind wie ein Hausvater, der in seinem Hause sitzt und gar nicht König werden will –›»

«Aber das ist doch grade gut, wenn man bescheiden ist!» warf Barbara erstaunt ein.

«Es ist nur ein Bild», erklärte Helwidis ungeduldig; «vor Gott ist der ein König, der gar keine Sünden begeht, auch keine kleinen, und danach soll man natürlich streben. Weiter!»

«‹Die anderen sind die, die guten Willen haben, aber keine Kraft. Von denen spricht der Prophet: Die Kinder wollen geboren werden, aber die Frau hat die Kraft nicht, sie zu gebären. Sie sind auch wie die Herbstzeitlose, die da blüht, aber nicht wächst. Sie wollen sich bessern und schieben es doch von einem Tage zum anderen auf; im Sommer sind die Nächte zu kurz und im Winter zu lang! Nun sieh, was dich am meisten irremacht: das ist, daß du dir kein Ziel setzt. Das beste Ziel aber ist Gottes Ziel und das ist: Heute! Dein Ziel aber ist: Morgen ...›»

«Das ist sehr gut», erklärte Ursula nachdrücklich. «Genau so geht's mir dauernd. Weiter!»

«‹Die dritten sind auch klein vor Gott. Die tun die großen Werke wohl, aber nur um des Ruhmes willen. Man muß sie drängen, weil sie sich zieren. O weh, da wird ein holpriger Karren mit schlechter Schmiere geölt!›»

Alles lachte. «Haben wir solche Karren auch bei uns?» fragte die alte Agnes; doch Frau Regula schüttelte den Kopf. Vielleicht glitt ihr Blick dennoch einen Augenblick lang über Helwidis; diese wurde rot.

«‹Die aber, die hoch vor Gott sind, das sind die, die drei Dinge behalten, die den Menschen vollkommen machen. Das erste ist, daß der Mensch die Welt

verschmäht; er kann auch mit einem ganz kleinen Ding, das er in ihr liebhat, großes Ansehen im Himmelreich erlangen –›

– Oh, hier kommt eine Geschichte!

‹So ging es einem Einsiedler, dem ward gezeigt, daß ein Bischof Gregorius im Himmel ebenso hoch stand wie er. Da er sich aber wunderte, daß er diesem an weltlichem Ansehen und Besitz gleich sein solle, da ward ihm geantwortet, ihm sei mit seiner kleinen Katze besser geschehen als jenem mit seinem ganzen Ansehen. Nun sehet, was der Arme mit seiner kleinen unerlösten Kreatur gewann!›»

«Das ist eine schöne Geschichte», sagte Elsbeth überwältigt; «ob unsere Katze . . .»

«Ich fürchte, es ist wieder ein Bild», erwiderte Katharina; «aber ein wirklich gutes. Durch ein Kätzchen ins Himmelreich!»

«Weiter!» verlangten die anderen.

«‹Das zweite, was einen Menschen vollkommen macht, das ist Geduld in allem, was Gott über ihn verhängt. Du sollst auch geduldig sein gegen deinen Nächsten; dafür wird Gott dir etwas von deinem Fegefeuer erlassen. Das dritte aber, was den Menschen vollkommen macht, das ist die Liebe. Die Seele muß immer etwas lieben, weil sie nach der obersten Liebe geschaffen ist . . . Läßt du deine Liebe sich nicht auf irdische Dinge richten, so wird sie nach oben streben und ein Geist sein mit Gott. Und wenn ein Mensch so ist, so erhebt er ein ganzes Land mit seinem Gebet, und ein solcher Mensch ist Gott lieber als fünfhundert andere, die ihn lieben –›»

«Weiter, Katharina!»

«Weiter geht es nicht; es ist zu Ende!»

An diesem Abend ereignete sich das Wunder, daß Ursula sich im Spital vertreten ließ, weil sie diese Predigt abschreiben wollte; gleich zweimal: einmal für das Haus und einmal für ihre Kranken.

Es gab aber auch anderes vorzulesen. Lebensgeschichten von Frauen zum Beispiel, die jede auf eine andere Weise mit der Unruhe ihres Herzens fertiggeworden waren. In strenger einsiedlerischer Abgeschlossenheit die eine; im Wirken für die Armen die zweite; in der Suche von Wegen zur Vervollkommnung die dritte; im Bemühen um eine gemeinsame, demütige Lebensform wieder andere. Ihnen allen war gemeinsam, daß es für Frauen keine Wirkungsmöglichkeiten in der Welt mehr gab, sobald die Entscheidung für ein Leben der Suche nach Gott gefallen war. Eine geistliche Entfaltung in der Welt war allein den Männern vorbehalten.

«Natürlich!» sagte Elsbeth arglos. «Sollen Frauen vielleicht mit zerrissenen Schuhen und Strümpfen über Stock und Stein laufen und drauflospredigen, sobald sie jemanden sehen? Unschicklich wäre das!»

«Und gefährlich», fügte Barbara schaudernd hinzu.

«Außerdem können Frauen nicht predigen», warf Frau Bertha ein; «sie haben's ja nicht gelernt. Ich wüßte nicht, was ich sagen sollte.»

«Ich wüßte es schon», erklärte Katharina in einer der Diskussionen, die sich an diese Lesungen anschlossen. «Und ich finde es ungerecht, wie die Welt eingerichtet ist. Daß Frauen immer nur das bekommen, was *die Männer* ihnen anbieten oder einfach nur übriglassen! Warum ist bei jeder Ordensgründung der erste Orden überall der der Männer und erst der zweite der der Frauen?»

«Willst du das etwa umkehren?» fragte Elsbeth entsetzt. «Hu, das wäre böse! Es steht doch in der Bibel, daß die Frauen den Männern untertan sein sollen!»

«Ich will es nicht umkehren, Elsbeth, aber sie könnten bei gleichen Aufgaben doch gleich sein!»

«Es sind eben keine gleichen Aufgaben», erklärte Frau Regula. «Nach dem Verständnis der Kirche sollen die Männer in die Welt ausgreifen; die Frauen aber sollen sie durch Gebete stützen. Ihr habt ja gehört, was der Bruder Bertram von der Kraft des Gebetes hält.»

«Die Männer machen es sich dennoch zu leicht», sagte Ursula grollend, ihren ungeliebten Spitalmeister im Sinn. «Ich wäre ja schon zufrieden, wenn man mich Kranke heilen ließe, ohne mir dauernd zu sagen, daß ich das nicht kann! Daß ich es nicht darf, daß ich mir auch damit mein Geld nicht selber verdienen darf, das weiß ich ja. Aber zu sagen, daß ich es nicht kann –!»

Magdalena schauderte es. «Sei dankbar dafür, daß du es nicht darfst!»

Helwidis hatte bisher geschwiegen. «Ich versteh euch nicht», sagte sie jetzt. «Was wollt ihr denn noch in der Welt? Predigen? Lä-

cherlich! Kranke heilen? Das kann man auch zu Hause tun. Es ist doch vollkommen gleichgültig, wo man ist, wenn man sich nur selber immer fester formen kann. Ich will Stille, und ich will mich in mich selber versenken und meine inneren Augen sehend machen, so wie es in diesen Geschichten da beschrieben wird. Ich will Gott lieben und mit ihm eins werden! Männer? Was brauche ich von einem Mann denn anderes, als daß er mir den Weg zur Vollkommenheit zeigt? Zu einer Vollkommenheit, bitte, die er selber niemals erlangen kann, weil er ja in der Welt wirken muß und von ihr abgelenkt wird. Was er dort tut, kann mir doch gleich sein!»

«Und wovon willst du in deiner Vollkommenheit leben?» warf Katharina ein wenig spöttisch ein, und Frau Regula nickte.

«Leben? Was heißt überhaupt leben? Außerdem: die Vögel auf dem Felde ernährt unser himmlischer Vater ja auch, ohne daß sie säen und ernten.»

«Dafür müssen das aber andere tun», sagte Judith. «Ich weiß

nicht – darf man andere Menschen nur als Mittel zur eigenen Vervollkommnung betrachten? Ist es nicht eigensüchtig, nur Gott und sich selber im Sinne zu haben?»

Ursula stimmte ihr zu. «Ich könnte nicht beten, wenn ein Mensch neben mir stünde, dem eine blutende Wunde verbunden werden müßte. Ich würde erst helfen und dann beten.»

«Helfen wozu?» fragte Helwidis. «Meinst du, vor Gott zählt ein Pflaster?» Und fast trotzig fügte sie hinzu: «Leben kann jeder. Sterben muß man können!»

Ursula wollte widersprechen, aber Frau Regula brach das Gespräch nun energisch ab. «Es ist Zeit zur Komplet», sagte sie; «aber da habe ich – da haben die Predigerbrüder ja etwas Schönes angerichtet!»

Ein Entschluß reift

In der nächsten Zeit passierten viele Dinge beinah gleichzeitig. Als erstes wurde Frau Regula krank. Richtig krank, nicht nur müde. Anfangs ließ sie sich nur vom Spitaldienst entschuldigen; dann blieb sie auch tagsüber für immer längere Zeit in ihrer Kammer, und schließlich raffte sie sich nur noch zum Morgengebet und zu den dringendsten Hausangelegenheiten auf. Jetzt konnte niemand mehr übersehen, daß sie Schmerzen hatte.

Ursula sah in jeder freien Minute nach ihr, und wenn sie wieder fort ins Spital mußte, nahm Magdalena ihren Platz am Bett der Kranken ein. In der Hingabe, mit der diese die Pflege übte, kam ihre ganze Dankbarkeit gegen die alte Meisterin zum Ausdruck.

Doch Frau Regulas Befinden besserte sich nicht, und Ursulas Gesicht wurde bei jedem Besuch ernster. Eines Morgens war es so weit, daß sie allein in das Gebetszimmer kam und bedrückt sagte: «Es muß eine andere von uns die Lesung übernehmen, und anschließend müssen wir ein großes Kapitel halten.» «Kapitel» nannte man in den Klöstern die morgendliche Versammlung aller Mitglieder der Gemeinschaft, in der die Angelegenheiten des Hauses geregelt wurden.

«Mit der Meisterin kann es nun jeden Tag zu Ende gehen», erklärte Ursula knapp. «Sie verfällt immer rascher, und sie weiß, wie es um sie steht. Sie hat mich eben gebeten, daß jede von uns einzeln zum Abschied zu ihr kommt. Außerdem bittet sie uns, jetzt, in diesem Kapitel, ihre Nachfolgerin zu wählen.»

Ganz überrascht war keine, aber zunächst wirkten doch alle wie betäubt. «Können wir denn nicht», sagte Katharina schließlich, «wenigstens mit der Nachfolgewahl warten, bis es wirklich vorbei ist? Jetzt ist doch keiner von uns danach zumute!»

Doch Ursula schüttelte den Kopf. «Sie hat ausdrücklich um die Wahl heute morgen gebeten, weil sie mit ihrer Nachfolgerin etwas Wichtiges besprechen möchte. Je schneller wir uns entschließen, desto besser.»

Also machten sie sich an die Arbeit, so gewissenhaft, wie sie es gewöhnt waren. Frau Dörthe, die älteste unter ihnen, übernahm die Leitung.

«Wir machen eine Pause», schlug sie vor, «und beraten uns untereinander, und dann werden Namen genannt. Wenn auf keinen dieser Namen eine deutliche Mehrheit entfällt, dann heißt das, daß wir doch noch länger überlegen müssen. Das werde ich dann der Regula sagen. Aber ich weiß schon einen Vorschlag.»

Vier Namen waren das Ergebnis der ersten Beratung: Dörthe selber, Katharina, Ursula und Judith. Ursula winkte sofort ab. «Ich bin Spitalerin», sagte sie, «und ich möchte es bleiben. Um ein Haus wie das unsrige zu leiten, darf man keine Neigungen haben, die stärker sind als das Interesse am Gemeinwohl.»

Frau Dörthe hatte andere Gründe zur Ablehnung. «Ich bin ja sogar noch ein bißchen älter als die Regula», machte sie geltend; «ihr Jungen braucht jemanden von euch, um das Haus zu steuern. Es sieht ein bißchen nach anderen Zeiten aus, und für die bin ich nicht mehr kräftig genug.»

Katharina machte es noch einfacher. «Judith hat wirtschaften und rechnen gelernt und kennt die Leute hier in der Stadt», sagte sie. «Außerdem ist sie noch nicht so sehr wie wir anderen auf ein

eigenes Gebiet festgelegt.» Sie wandte sich an die überraschte Judith. «Du lebst dich am schnellsten in die Nachfolge der Meisterin ein. Mach du es!»

«Aber ich bin doch als Letzte gekommen», wehrte diese ab. «Ihr anderen kennt das Haus viel besser und länger als ich.» «Grade deswegen», sagten Ursula und Katharina gleichzeitig; «auf dich können wir uns alle einigen. Machen wir die Probe!» Ein wenig zögernd verließ Judith für die Abstimmung den Raum, um alsbald wieder hereingerufen zu werden. Es hatte keine Gegenstimme gegeben.

«Na – wenn das nicht eine Wahl aus Inspiration war!» sagte Katharina mit einem Versuch zu scherzen. «Darum könnte uns ja sogar das Kardinalskollegium beneiden!»

Der Abschied von der sterbenden Patin wurde für Judith unerwartet zu weit mehr als nur zu einer traurigen Amtsübernahme. Er

wurde zu einem Auftrag; denn Frau Regula hatte wirklich noch etwas Wichtiges auf dem Herzen.

«Erinnerst du dich», fragte sie so sachlich, als gelte es nur die hergebrachten Haushaltssorgen; «erinnerst du dich, daß ich vor einer Weile einmal sagte, ich machte mir meine eigenen Gedanken über die Zukunft des Hauses und über seine Verbindung zum Predigerorden? Wir sprachen darüber, daß ihr Jüngeren nicht genügend Antrieb und nicht genügend Anleitung hättet und daß die Brüder vom hiesigen Konvent beides gern geben würden und auch dürften, wenn wir nur nicht Beginen oder Spitalerinnen, sondern Schwestern ihres eigenen Ordens wären. Judith – wenn mir mehr Zeit geblieben wäre, dann hätte ich selbst noch versucht, unser Haus aus seinem gegenwärtigen Zustand zwischen Kirche und Welt zu lösen und es ganz in den geistlichen Stand, in ein Kloster, zu überführen. Das geschieht gegenwärtig bei vielen Häusern unserer Art; nur ist es überall nicht ganz einfach. Der Prior des hiesigen Konvents kennt diese Überlegungen, und meine Bitte an dich ist nun die: Sprich mit den Gefährtinnen hier im Hause, vor allem mit den Jüngeren, über diese Frage; ich selbst will noch mit der Dörthe reden. Beratet euch gründlich und prüft vor allem, was eine solche Umwandlung für eure Arbeit im Spital bedeuten würde; denn ihr müßt an die Ursula denken. Besprich dich auch mit erfahrenen Menschen in der Welt draußen – mit Herrn Johannes natürlich, aber auch mit deinem Vater und mit solchen Vertretern der städtischen Geistlichkeit, zu denen du Vertrauen hast.» Sie forschte in Judiths Gesicht. «Kommt dir das unerwartet?»

«Ja», sagte diese ehrlich. Doch dann fielen ihr die Abendgespräche und ihr eigenes Verlangen nach Nahrung für das einmal entzündete Feuer wieder ein, und sie setzte hinzu: «Oder doch eher: Nein, Patin! Es könnte ein Weg sein – doch, sicher! Ich muß nur mit dem Gedanken vertraut werden.»

Die Sterbende schien erleichtert. «Bedenkt auch», sagte sie so drängend, daß Judith begriff, wie kostbar nun jede Minute war, «daß ihr an dem Orden nicht nur geistlichen Rückhalt finden würdet, sondern auch Hilfe in allen anderen Fragen, die uns jetzt bedrängen. Ihr wäret sicherer! Dank dir, Kind, daß du das angenommen hast!»

Frau Regulas Kraft reichte wirklich gerade noch für ein Gespräch mit jeder einzelnen der Schwestern, wie sie es erbeten hatte, und man sah verweinte Augen, schon ehe Ursula aus dem Zimmer trat und leise sagte: «Es ist vorbei.» Die Sterbesakramente hatte einer der Brüder des städtischen Dominikanerkonvents auf Weisung des Priors gereicht; beide wußten, daß sie sich damit über die Gebote ihrer Ordensleitung hinwegsetzten.

Als habe die Welt draußen nur abwarten wollen, bis die allgemein verehrte Frau Regula die Augen geschlossen hatte, begann sie unmittelbar danach, sich energisch dem Spitalerinnenhause zuzuwenden. Aber in einer Weise, die nichts Gutes versprach!

Als erstes gab es neuen Ärger auf dem Markt. Bald nach der Beerdigung der alten Meisterin kam Gertrud eines Tages halb zornig und halb erschreckt zu Judith.

«Ich war auf dem Rückweg vom Spital», berichtete sie, «und mein Korb war leer, weil ich die Leinwand beim Spitalmeister abgeliefert hatte; so war es ja zwischen Frau Regula und ihm neuerdings vereinbart. Aber die Leineweber drohten mir dennoch und behaupteten, wir würden unsere Leinwand jetzt sogar heimlich unterm Preise weggeben und damit die Zunft schädigen. Einer schrie dann, man solle uns das dauernde Herumlaufen in der Stadt verbieten und uns zu Hause einschließen; dann hätte die Zunft vor uns Ruhe, und wir wüßten endlich, was sich für ehrbare Frauen gehöre.»

«Ach!» sagte Judith; «und wie sollten wir dann ins Spital gelangen? Denn unsere Pflege nehmen sie ja wohl nach wie vor gern, oder?»

«Das habe ich auch gesagt», versetzte Gertrud, «aber sie haben geantwortet, der Spitalmeister werde sich schon nicht um uns reißen; es gebe ja noch andere Frauen in der Stadt, die noch dazu nicht alles besser wüßten als er.»

«Ach so!»

Gertrud zuckte die Achseln. «Ich will Euch sagen, was sie außerdem noch geschrieen haben: Jetzt, da Frau Regula nicht mehr da sei, könne es wohl nicht mehr lange dauern, bis die Dirne Magdalena ins Spital gelassen werde, und das könne ja eine schöne Pflege werden! Und das Mädchen aus dem Räuberhorst sollten wir auch lieber einschließen, bei der Verwandtschaft! Und wir sollten es uns nicht etwa einfallen lassen, ketzerische Reden unter das Volk zu tragen. Vor denen habe ja jüngst erst der Bruder Bertram gewarnt.»

«Was für ein Unsinn! Hast du darauf etwas antworten können?» fragte Judith empört.

«Ich wollte es», erwiderte Gertrud erbittert; «aber da flog ein Stein, und da habe ich gemacht, daß ich fortkam.»

Selbst wenn man annahm, daß Gertruds Mundwerk die Marktleute in Harnisch gebracht haben mochte, war dies eine unerhörte Neuigkeit; Judith berief sofort ein Kapitel für den nächsten Morgen ein. Eine Nachricht an Herrn Johannes erübrigte sich, denn der alte Schutzvogt kam von selber: der Zwischenfall auf dem Marktplatz war ihm zugetragen worden.

«Die brave Gertrud hat eine hitzige Zunge», sagte auch er, «aber das wissen die Leute, und niemand will ihr wirklich übel. Nein, hinter dem Vorfall steckt etwas Ernsteres. Es geht wieder eine Welle der Ketzerfurcht durch das Land, und von ihr werden, wie stets, auch Frauengemeinschaften betroffen. Frau Regulas Haus ist stets über den Verdacht mangelnder Rechtgläubigkeit erhaben gewesen. Aber nun, da sie nicht mehr lebt –!»

Er machte eine Pause und fuhr dann fort: «Im Rat gewinnen Stimmen die Oberhand, die von unbotmäßigen Kräften im Hause wissen wollen; ihr Wortführer ist neuerdings Herr Anton Magerlein. Kann es sein, daß ihn persönliche Gründe treiben?»

«Ach so!» sagte Judith langsam. «Ja, das kann sein! Unbotmäßig? Was heißt das?»

«Soweit ich weiß», fuhr Herr Johannes fort, «heißt das, daß Herr Magerlein entweder auf einer strengen Klausur im Hause besteht – auf einem Verbot für alle Frauen, dieses zu verlassen –, wie sie in den Klöstern Brauch und Vorschrift ist. Oder aber er verlangt die Auflösung des Hauses, damit die Stadt vor ketzerischen Umtrieben in ihm sicher sein kann. Herr Magerlein legt dabei großen Wert darauf, daß es ihm ausschließlich um den Ruf des Hauses und die Glaubensreinheit der Stadt geht, und er beruft sich dafür – leider – auf die hier gehaltene Predigt des Bruders Bertram.»

«Ach so!» sagte Judith nun schon zum wiederholten Mal. Es war ein bißchen viel auf einmal. «Natürlich! Und was ist Eure Meinung dazu, Herr Johannes?»

«Daß Herr Anton ein ganz besonders widerwärtiger Mensch ist», sagte dieser mit Wärme; «und daß er außerdem mit der Auflösung des Hauses wohl wirklich ein persönliches Interesse verfolgt; daß er aber seine Karten leider geschickt spielt. Ihm ist sehr schwer beizukommen, solange im Volk das Mißtrauen gegen Ketzerei und gegen scheinbar zügellose Frauen so leicht zu schüren ist.»

«Und was sagt der Deutschherrenorden dazu, unter dessen Schutz wir immerhin stehen?»

«Der ist in einer schwierigen Lage», erklärte Herr Johannes. «Er kann sich schwer dem Verlangen des Bischofs entziehen, auch dem bloßen Verdacht der Ketzerei entgegenzuwirken. Die Kirche hat halt gerne Ordnung. Außerdem liegen Bischof, Deutschritterorden und Stadt gegenwärtig in einem Streit um die Patronatsrechte an den Stadtkirchen; da hat keine Partei viel Spielraum.»

«Und was empfehlt Ihr, Herr Johannes, uns unter diesen Umständen?» fragte Judith nun ganz direkt.

«Ich empfehle Euch dasselbe», erwiderte dieser bedächtig, «was ich schon Frau Regula empfohlen habe. Nämlich: die Umwandlung des Hauses in eine Klostergemeinschaft sehr ernsthaft zu erwägen. Unter dem Schutz der Kirche wäret Ihr aller Anfechtungen enthoben.»

Die nächste schlechte Nachricht folgte auf dem Fuße. Bei einem bewaffneten Überfall auf den Wirtschaftshof waren Vieh und Vorräte geraubt, Haus und Gehöft verwüstet worden; der Verwalter wurde mit schweren Wunden in das Spital eingeliefert. Die Empörung in der Stadt war groß, und sie wuchs noch, als bekannt wurde, daß der Überfall wieder von den Raubrittern vom Krähenstein verübt worden war.

Helwidis preßte die Lippen zusammen und pflegte den verwundeten Verwalter mit einer Aufopferung, die in ihrer Gegenwart alle Vorwürfe gegen ihre Brüder verstummen ließ. Wenn der Mann mit dem Leben davonkam, so hatte er das nur ihr zu verdanken.

Die Lage des Spitalerinnenhauses aber war jetzt wirklich schlimm. Was wurde nun aus ihm, da seine Haupteinnahmequelle versiegt war? In einem raschen Entschluß bat Judith, den Rat der Patin im Gedächtnis, ihren Vater um eine Unterredung.

Seit jenem denkwürdigen Gespräch zwischen ihnen war nun schon eine lange Zeit verstrichen. Des Vaters neue Ehe hatte sich gut angelassen, und gerade jetzt war er strahlender Laune, denn Frau Margret hatte ihm vor kurzem wirklich den ersehnten Erben geschenkt. Er war nun sehr bereit, seine Tochter endgültig auszuzahlen und die zweite Hälfte der Mitgift ohne Vorbehalt dem Spitalerinnenhause zu überschreiben. Ein klein wenig schmerzte es, daß der Vater so sehr rasch zu dieser Regelung bereit war und daß keine Frage an die Tochter von ihm kam.

Aber er wußte dennoch, daß die Sicherheit von Frau Regulas Haus ein eigenes Problem war. «Mit den Herren auf dem Krähenstein wird der Rat schon ein Wort reden», sagte er; «aber er kann euch doch nicht die Sicherung eures Eigentums abnehmen. Die Deutschherren können es auch nicht, zumal die Stadt – und das ist wichtig für euch – den Bau eines eigenen, städtischen Spitals plant, dessen Arbeitskräfte sie auch selbst einstellen will. Dazu kommt diese unsinnige Ketzerfurcht, die sich gegen alle Beginengruppen ausnützen läßt. Ich glaube, Judith, ihr wärt in der Kirche wirklich besser aufgehoben als so halb zwischen Kirche und Welt wie jetzt. Dem Rat wäre mit der Umwandlung eures Hauses in ein Kloster jedenfalls ein Stein vom Herzen, zumal die Stadt dann endlich, wie viele andere Städte auch, ein eigenes Frauenkloster besäße. Ich will mit Herrn Johannes darüber sprechen, wie wir euch bis zu eurer Entscheidung wirtschaftlich helfen können; beratet euch in Ruhe.» Er überlegte einen Augenblick und setzte dann hinzu: «Aber natürlich müßte jede einzelne von euch sich gründlich prüfen, ob sie diesen Schritt wirklich tun will. Judith – ich habe dich nie gefragt, ob du deinen Entschluß von damals bereut hast. Falls ja, dann wäre jetzt die letzte Gelegenheit, ihn rückgängig zu machen. Mit dem Anton, das wollte ich dir sagen, das hat sich erledigt.»

Da war die Frage also doch! Judiths Gedanken sprangen aus dem Geleise, in dem sie nun seit langem liefen. Umkehren? In die Welt zurück? Zu Kleidertruhe und Schmuckkästchen? Zu Vergnügungen und Festen im Freien, vor dem Stadttor? Zu Tanz und Bankett im festlich erleuchteten Ratssaal? Zu einem eigenen Hause vielleicht? Aber das dauerte nur einen Augenblick. Dann sah sie wieder die Patin auf ihrem letzten Lager, hörte Katharinas Stimme: «Mach du es!», sah Elsbeth, Magdalena, Helwidis ... Und die Gespräche am Abend fielen ihr ein, die Geschichte von dem Kätzchen, von der winzigen Kreatur, die dem Einsiedler in den Himmel geholfen hatte ...

Eine winzige Kreatur ... Warum stand plötzlich der kleine Sebastian vor ihren Augen, das Brüderchen, das Frau Margret ihr, der Patin, bei der Taufe feierlich in die Arme gelegt hatte? Es war ein kräftiges, lustiges Kind, und sein Geschrei füllte das Haus, ihr Elternhaus, mit ganz ungewohntem Leben. Der Vater ließ kaum einen Blick von dem Sohn; Fuhrknecht und Pferde hatten vorläufig Ruhe.

«Nein, ich habe meinen Entschluß nicht bereut, Vater», sagte sie ruhig; «aber ich bin dir dankbar für deine Hilfe; wir können sie brauchen.»

Es war eine lange, eingehende Kapitelversammlung, die nun im Hause in der oberen Torgasse abgehalten wurde. Alle sahen die Gründe ein, die für die Umwandlung des Hauses in eine Klostergemeinschaft sprachen, und an keiner einzigen war ja auch die geistliche Herausforderung durch die Dominikanerbrüder spurlos vorübergegangen. Aber der Schritt, der ihnen hier nahegelegt wurde, war zugleich klein und unermeßlich groß.

«Wenn ich wenigstens ganz genau wüßte, worin er für uns wirklich besteht», sagte Ursula schließlich. «Ich wüßte einfach gern, was den Unterschied zu unserem jetzigen Leben ausmachen würde. Können wir neu beraten, wenn wir darüber mehr wissen?» Dabei blieb es für dieses Mal.

Aber schon am nächsten Tage geschah wieder etwas Unerwartetes oder besser: noch in derselben Nacht. Kurz nach Mitternacht wurde Judith von Brigitte geweckt. «Es ist ein Mädchen unten, das Euch sprechen möchte», sagte sie; «aber sie will nur Euch sagen, worum es geht.»

«Ich komme. Führ sie in die Stube!»

Als Judith in die Stube trat, hatte die nächtliche Besucherin gerade einen schweren, braunen Kapuzenmantel beiseitegelegt. Sie trug ein langes, schwarzes Kleid, das ihren Körper völlig verhüllte; sogar die Hände waren in den langen, weiten Ärmeln versteckt. Es war, soweit Judith im Schein des Talglichtes sehen konnte, ein klösterliches Kleid; denn kein Mädchen aus der Stadt hätte in dieser Weise auf Farben, Nähte und Falten verzichtet. Dennoch war es ein schönes Kleid; der fließende, feingewebte Stoff hatte den matten Glanz, den Judith von den teuersten Tuchballen ihres Vaters her kannte, und an den Ärmeln war ein wenig Seidenbesatz zu sehen. Auch das Tuch, das das Mädchen um den Kopf trug, war aus Seide. Ein Mädchen aus einem reichen Kloster – eine «schwarze» Nonne, eine Benediktinerin!

Als habe die Fremde Judiths Gedanken bis hierher verfolgt, lächelte sie nun und streckte ihre Hand aus. «Ich heiße Richenza», sagte sie, «und ich komme aus der Abtei. Verzeih die ungewöhnliche

Stunde; aber ich mußte erst warten, bis der Klosterknecht, dessen Mantel ich mir genommen hatte, keine Lust mehr zum Suchen hatte. Vorher konnte ich mich nicht aus meinem Versteck herauswagen. Der Mantel ist übrigens ein gutes Stück; er muß zurück in die Abtei; aber ohne den hätte ich mich auch eben nicht am Stadttor mit einem verspäteten Kaufmannszug zusammen hereindrängen können, denn sie sollten mich dort ja für einen Pferdeburschen halten. Aber ich wußte, wo ihr zu finden wart, und nun bin ich hier! Stimmt es, daß ihr euer Haus in ein Kloster umwandeln wollt? Und ist noch Zeit, über die Klosterregel mitzuberaten?»

Judith hatte es die Sprache verschlagen. Die Fremde mußte drei Stunden lang durch die Dunkelheit gelaufen sein, um hierher zu gelangen. Eine Nonne, die die Klausur zu verlassen wagte! Doch wieder lächelte Richenza und zog ihr Tuch fester. «Ich habe meine Gelübde noch nicht abgelegt; das da ist ja kein Schleier. Ich stand erst kurz vor meiner Profeß, und die Regel des heiligen Benedikt besagt, daß niemand gegen seinen Willen zum Mönch oder zur Nonne gemacht werden darf. Das hat für mich nichts zu bedeuten, denn ich bin schon vor meiner Geburt für das Kloster bestimmt gewesen, und daran will und darf ich nicht rütteln. Aber ich will mir das Kloster aussuchen dürfen. Könnt ihr mich brauchen?»

Dieser unerwartete Anstoß trieb die Dinge mächtig voran. Schon beim nächsten Kapitel saß Richenza unter den anderen, in das einfache Gewand der Gruppe gekleidet, die Füße barfuß in Sandalen. Sie hatte sich von Judith den Stand der Beratungen schildern lassen und nahm den Faden sofort auf.

«Ich kann dir genau sagen, was es rein äußerlich heißt, Nonne zu sein», wandte sie sich an Ursula. «Es heißt, daß man die drei Gelübde der Armut, der Keuschheit und des Gehorsams ablegt –»

«Das haben wir beim Eintritt in dieses Haus freiwillig getan», warf Katharina ein.

«Ja – aber jetzt müßtet ihr sie als geistliches Gelöbnis in die Hand eines kirchlichen Oberen leisten, des Bischofs oder eines Ordensoberen. Und dieses Gelübde ist dann unwiderruflich; es bindet nicht nur religiös, sondern auch rechtlich, denn es gilt einer symbolischen Vermählung der Nonne mit Christus. Deshalb erhält sie

einen Ring und nimmt den Schleier wie eine weltliche Braut. Außerdem aber – und das meinst du wohl, wenn du nach dem Unterschied zu eurem jetzigen Leben fragst – gilt bei strengen Orden von der Profeß an das Gebot der Klausur; keine geweihte Nonne in einem solchen Orden darf das Klostergebäude verlassen.»

«Und wie streng muß das eingehalten werden?»

«Was heißt: ‹wie streng›? Man darf das Kloster nicht verlassen.» Darauf kamen zwei Fragen gleichzeitig, die erste von Ursula und die zweite von Katharina:

«Und wie kommt man dann ins Spital?»

«Aber die Dominikanerbrüder dürfen doch aus dem Konvent heraus?» Richenza sah beide fragend an. «Man kommt gar nicht ins Spital, sondern man bleibt im Kloster», erwiderte sie dann gleichmütig. «Und die Dominikaner dürfen deshalb ihr Kloster verlassen, weil sie Männer sind.»

Erläuternd setzte sie hinzu: «Sie sollen ja gerade Prediger sein und im Volk wirken. Aber das gilt auch nur für die neuen Bettelorden, die Benediktiner, die ja der älteste Orden überhaupt sind, leben ortsgebunden und brauchen eine eigene Erlaubnis, wenn sie im Dienste des Ordens reisen müssen.»

«Bist du denn dein ganzes Leben lang in der Abtei gewesen?» fragte Elsbeth neugierig.

Richenza nickte. «Aber es ist wohl ein Unterschied, ob man in einem so riesigen Anwesen wie einer Benediktinerinnen-Abtei eingeschlossen lebt oder in einem kleinen Haus in der Stadt.»

Das war das Stichwort für Helwidis, die die Fremde nicht aus den Augen gelassen hatte. «Ich wüßte gern etwas ganz Einfaches», sagte sie: «Wenn du ohnehin Nonne werden oder bleiben willst – warum verläßt du dann die Abtei? Warum kommst du dann zu uns?» «Das wüßte ich auch gern», sagten Judith, Ursula, Katharina und Magdalena wie aus einem Munde.

Richenza überlegte einen Augenblick. «Es hat doch keinen Sinn», sagte sie dann, «daß man als erstes fragt, was es rein äußerlich heißt, Nonne zu sein. Man muß mit dem Wichtigsten anfangen – mit dem, was es innerlich heißt.»

Sie wandte sich an Ursula. «Verzeih, aber ich glaube wirklich, daß man sich von daher prüfen muß; erst dann ordnet sich alles andere. Nonne zu sein heißt nämlich, Gott von ganzem Herzen, von ganzen Sinnen und von ganzem Verstand zu lieben, so daß alles andere hinter dieser Liebe zurückbleibt. Man muß nach Vollkommenheit in der Liebe streben, damit die Seele mit Gott eins werden kann. Deshalb bringt man ihm ja dieses Gelübde dar, mit dem man sich ihm vollständig übergibt.»

Sie sah sich im Kreise um und fuhr dann mit großer Eindringlichkeit fort: «Glaubt mir, es ist nichts Kleines, in einer klösterlichen Gemeinschaft sein Leben lang auszuhalten, ohne zu murren und ohne ein einziges Mal an seinem eigenen Vorsatz irre zu werden! Aber ich bin auch sicher, daß eine Nonne, die im Kloster etwas anderes sucht als nur Gott und ihr Seelenheil, in Wahrheit nur Schmerzen in ihm finden wird.»

Sie zögerte und fügte dann hinzu: «Mir will das Klosterleben scheinen wie ein Feuerofen, in dem man Gold prüft; nur daß hier

Menschen geprüft werden. Und wenn das Feuer zu matt brennt, dann ist die Probe nichts wert. Ich will die Gelübde so streng erfüllen müssen, daß ich sicher sein kann, Christus wirklich nachzufolgen. Warum ich zu euch gekommen bin, wollt ihr wissen? Weil es für mich vor allem um das Gelübde der Armut geht.» Sie wandte sich an Ursula. «Für euch Mädchen aus der Stadt geht es mehr um etwas anderes, um die Klausur, nicht wahr?»

Ursula nickte schweigend. «Gut, daß du gekommen bist! Ich hätte es mir beinah zu einfach gemacht», sagte sie dann. «Aber was ist, was soll diese Klausur?»

Richenza suchte nach einer Antwort. Doch Katharina war aufgestanden und hatte die Pergamentrolle mit der Predigt des Bruders Bertram geholt.

«Wartet», sagte sie; «hier stand doch noch etwas. Da, ich hab's!

‹Die Seele muß immer etwas lieben, weil sie nach der obersten Liebe geschaffen ist. Willst du eine echte Liebende sein, willst du Gott wirklich nach deinem ganzen Vermögen lieben, dann mach es so, wie man es mit dem Wasser tut: Wenn man es tief machen will, so muß man alle Wege, durch die es wegfließen könnte, eindämmen. So tu auch mit deiner Liebe: wenn sie etwa aus deinen Augen einem schönen Manne nachsehen möchte, dann verleg ihr den Weg . . .›

Dazu soll wohl die Klausur dienen – daß die Liebe zu Gott durch nichts abgelenkt und in Versuchung geführt wird, weil sie nur so wirklich tief werden kann.»

«Genau das ist gemeint», sagte Richenza aufatmend. «Woher habt ihr diesen Text?»

Katharina erzählte es ihr.

Richenza blickte zu Judith hinüber. «Ich habe gestern gefragt, wie weit ihr mit der Entscheidung für eine Klosterregel seid. Das ist wichtig für mich, eben wegen des Armutsgebots, aber jetzt auch noch wegen solcher Predigten. Wenn es so etwas bei euch gibt, würde ich wirklich sehr gerne bleiben. An welchen Orden wollt ihr euch wenden?»

«Wir sind mit allem noch am Anfang», erwiderte Judith, «und wir werden dich für unsere Entscheidung brauchen können!»

Als die Frauen sich an diesem Abend niederlegten, hatte jede von ihnen etwas zum Nachdenken mitbekommen – und jede etwas anderes.

Judith aber, die junge Meisterin, spürte zum ersten Male seit sie ihr Amt angetreten hatte dessen Gewicht zentnerschwer auf sich lasten.

WIR WOLLEN NONNEN WERDEN

Welche Klöster gibt es überhaupt?

Die Nachricht von Richenzas Kommen mußte blitzschnell in der Stadt umgelaufen sein; denn als Herr Johannes zu dem eilends erbetenen Besuch erschien, war er nicht allein. In seiner Begleitung befand sich ein Ritter, den er als Herrn Kuno von Mettenstein und als Beauftragten von Richenzas Familie vorstellte. Judith zog Frau Dörthe und Katharina zu dem Gespräch hinzu, das in Frau Regulas kleiner Wohnstube, dem Sprechzimmer des Hauses, stattfand.

Es stellte sich bald heraus, daß die neue Hausgefährtin, nach deren Herkunft Judith absichtlich noch nicht gefragt hatte, nicht von ungefähr für die reiche Abtei der Benediktinerinnen bestimmt gewesen war. Herr Kuno nannte einen der vornehmsten Namen des Landes und fügte hinzu, die Familie werde der Ausbrecherin ihre Verfehlung vergeben, wenn diese sofort und ohne Aufsehen in die Abtei zurückkehre. In diesem Fall werde die Familie auch von Maßnahmen gegen das Spitalerinnenhaus absehen, obwohl dieses sich mit der Aufnahme der Flüchtigen natürlich schuldig gemacht habe.

«Falls die Dame Richenza freilich in ihrer Eigenmächtigkeit verharren sollte, werden wir uns anders helfen!» sagte Herr Kuno zum Schluß mit leiser Drohung im Ton.

Doch das brachte Herrn Johannes in Harnisch. «Erlaubt, Herr Kuno!» sagte der sonst so sanfte Mann mit Nachdruck. «Eine Anwendung von Gewalt scheidet in jedem Falle aus. Gewiß muß diese schwierige Angelegenheit bereinigt werden; aber auf gütlichem Wege. Ich darf Euch mitteilen, daß dieses Haus einen Schutzbrief des Deutschherrenordens besitzt.»

Herr Kuno machte eine geringschätzige Handbewegung. «Wenn das alles ist –! Mit dem Komtur des Ordens wird der Graf, der Bruder der Jungfrau Richenza, sich leicht einigen, mein Wort darauf. Am besten vertraut Ihr mir die Dame gleich an.»

Die drei Frauen sahen sich und dann Herrn Johannes erschrokken an. Dieser antwortete mit großer Ruhe: «Mir scheint, Herr Kuno, daß Ihr die Lage dennoch falsch einschätzt. Ich halte die Familie der Dame Richenza für weltläufig genug, um zu wissen, daß überall in Deutschland, Frankreich und den Niederlanden vornehme und mächtige Damen um Aufnahme in Häusern armer, geistlich lebender Frauen nachsuchen, wie es dem Drängen unserer Zeit entspricht. Ich könnte Euch die Namen der Gräfinnen von Vianden, von Joigny und von vielen anderen nennen, die solche Häuser unterstützen, wenn sie nicht selbst in ihnen in freiwillig gewählter Armut von ihrer Hände Arbeit leben. Aber selbst wenn der Graf noch nichts von dem religiösen Eifer unzähliger solcher Damen vernommen haben sollte, so bin ich doch sicher, daß er das Asylrecht eines geistlichen Hauses kennt und respektiert.»

Der Ritter war sichtlich beeindruckt, aber er hatte doch gut zugehört.

«Eines geistlichen Hauses, ja.» sagte er spöttisch. «Aber dies ist kein geistliches Haus!»

Judith spürte einen leisen Stoß in die Seite und drehte sich nach den Gefährtinnen um. Dörthe und Katharina nickten ihr zu. Sie wandte sich an den Ritter. «Erlaubt, Herr Kuno», sagte sie, «Ihr habt uns noch keine Gelegenheit gelassen, unserem Schirmvogt eine wichtige Mitteilung zu machen. Die Mitglieder unserer Gemeinschaft bitten ihn, mit dem Herrn Bischof Verhandlungen über die Umwandlung dieses Hauses in eine Klostergemeinschaft aufzunehmen.»

Dörthe und Katharina nickten zustimmend.

Falls Herr Johannes überrascht war, ließ er es sich nicht anmerken, sondern nahm das Stichwort bereitwillig auf. «Ich hatte das erhofft und erwartet», sagte er; «und ich darf hinzufügen, daß diese Wendung der Dinge dem Rat dieser Stadt außerordentlich lieb sein wird. Vielleicht besprecht Ihr die Angelegenheit noch einmal mit dem Grafen?»

Das dreifache Gegenüber von Bischof, Stadt und Ritterorden war Herrn Kuno für den Augenblick zu viel! Er überlegte. «Ich würde die Jungfrau Richenza wenigstens gerne selber sprechen», sagte er dann; «der Graf muß sich ein vollständiges Bild von der Lage machen können.»

Doch das Gespräch zwischen Richenza und dem Beauftragten ihrer Familie fiel sehr knapp aus, und als Herr Kuno, den Fluchtmantel zur Rückerstattung über dem Arm, den Rückweg antrat, sah er nicht sehr vergnügt aus …

Für den nächsten Morgen berief Judith die Gemeinschaft zu einem erneuten Kapitel zusammen; in ihm berichtete sie über die Geschehnisse des gestrigen Tages.

«Wir stehen nun vor der Entscheidung», sagte sie, «und heute muß sie fallen. Noch könnten wir Herrn Johannes zurückrufen, und vielleicht würden wir damit nicht einmal Richenzas Bleiben wirklich gefährden. Aber es geht uns allen ja inzwischen um mehr. Ich wüßte deshalb gern die Meinung von jeder einzelnen von euch: Sollen wir uns darum bemühen, *Nonnen* zu werden oder nicht?»

Sie wandte sich zur ersten, die neben ihr saß. «Helwidis?»

Helwidis ließ ihre Hand über das abgeschnittene Haar und den Gürtelstrick gleiten. «Ich wollte vom Augenblick meiner Flucht an in ein Kloster eintreten und will es noch», sagte sie; «mir liegt an nichts anderem als an einer strengen Klosterregel.»

Neben ihr saß Richenza. «Wenn ich wirklich schon mitstimmen darf, dann gilt für mich das gleiche», erklärte sie.

«Natürlich darfst du mitstimmen! Gut; weiter. Dörthe?»

Die alte Frau wiegte den Kopf. «Mir war das Haus eigentlich so recht, wie es ist», sagte sie; «aber die Regula hat am Ende Angst um seinen Bestand gehabt; und die Begegnung mit dem Predigerbruder war für sie wie ein letzter Feuerfunke. Sie hätte das Haus gern selbst noch den Dominikanern anvertraut, das hat sie mir auf dem Sterbebette gesagt. Ihr zuliebe bin ich dafür, daß wir das tun.»

Agnes und Bertha nickten. «Dann soll es so sein!»

«Magdalena?»

Diese lächelte. «Ich darf das Haus ja doch nicht verlassen und will es auch nicht. Ich werde gerne Nonne; das wird meiner Buße ganz anderen Nachdruck geben.»

«Elsbeth?»

Elsbeth nickte eifrig. «Bekommen wir dann ein weißes Kleid und einen schönen Schleier?»

«Du bekommst das ganz sicherlich», sagte Agnes gerührt.

«Brigitte?»

«Ich bin gerne Pförtnerin, und ob ich nun Spitalerinnen oder Nonnen hüte, ist mir gleich», erklärte diese gutmütig. «Richtet euch meinetwegen ruhig ein Kloster ein.»

«Barbara?»

«Mir wäre es sehr recht. Als Klosterfrau hat man doch ein ganz anderes Ansehen!»

«Katharina?»

«Wir haben offenbar gar keine Wahl, aber es ist mir auch recht. Nur hätte ich gern eine Stimme bei der Entscheidung über die Klosterregel.»

«Natürlich. Ursula?»

Jetzt kam der erste Widerstand. «Richenza hat am ersten Abend etwas gesagt, mit dem ich noch nicht fertig bin», erklärte Ursula langsam. «Nämlich: ‹Wer im Kloster etwas anderes sucht als Gott und sein Seelenheil, wird darin Schmerzen erleiden.› Ich brauche aber etwas anderes, nämlich Zuwendung zu anderen Menschen. Laßt mich deshalb heute noch aus; ihr seid ja genug für eine Entscheidung.»

«So war das nicht gemeint», sagte Richenza rasch. «Erstens wirst du auch im Kloster Gelegenheit zur Hinwendung zu anderen haben, denn es gibt ja auch dort Kranke. Und zweitens: Du hilfst doch anderen durch dein Beispiel! Jeder Mensch, der die Feuerprobe besteht, von der ich sprach, ist für andere ein Zeichen und eine Ermutigung und gibt ihnen Kraft.»

Doch Ursula schüttelte den Kopf. «Ich bin dennoch nicht mit mir im reinen», wiederholte sie.

«Wir sprechen uns noch, Ursula», sagte Judith; «Gertrud?»

«Ich bin eigentlich auch nicht jemand fürs Kloster», sagte diese ehrlich; «aber was mache ich ohne euch? Und wovon lebe ich? Ich komme mit!»

«Gut», sagte Judith. «Wir wollen also Nonnen werden. Heute abend bei der Komplet bitten wir um Erleuchtung und Stärkung für unseren Entschluß, und bis dahin halten wir Schweigen, wie es in einem Kloster üblich ist. Jede einzelne prüfe sich dabei noch einmal – zum letzten Mal!»

Der Bischof ließ die Frauen wissen, er werde demnächst geistliche Pflichten und andere Aufgaben in der Stadt zu erledigen haben und wolle die Gelegenheit nutzen, um die vorgesehene Umwandlung des Hauses in eine Klostergemeinschaft zu besprechen; der Termin wurde gleich mitgeteilt. Judith bestimmte Helwidis und Katharina zu ihren Begleiterinnen bei diesem Gespräch. Gern hätte sie auch Richenza hinzugezogen, doch das verbot sich vorerst noch. Erst mußte deren Lage geklärt sein. Dafür nahm Richenza aber an einer Vorbesprechung teil; denn sie war ja die einzige, die sich in der Sache auskannte, um die es nun ging.

«Sag uns nun erst einmal genau, welche Klosterregeln und welche Orden für uns in Frage kommen», bat Judith zu Beginn; «wir kennen zwar Frau Regulas Wunsch; aber wir wollen doch gründlich beraten. Und sag uns auch, worauf wir beim Gespräch mit dem Bischof achten müssen.»

«Gerne», erwiderte Richenza; «fangen wir also ganz von vorne an! Es kommen meines Wissens für uns drei Orden in Frage, nämlich erstens die Zisterzienser, dann der Orden des heiligen Franziskus, die Minderbrüder, und schließlich die Dominikaner, die Predigerbrüder. Das sind alles junge Orden; die beiden letzten, die Mendikanten- oder Bettelorden fangen ja jetzt erst an, sich bei uns auszubreiten.»

«Eigene Frauenorden gibt es nicht?» vergewisserte sich Katharina. Richenza schüttelte den Kopf. «Alle Frauenkonvente müssen eine der beiden alten Ordensregeln, die Benediktiner- oder die Augustinerregel, auf sich zuschneiden, und sie bilden stets innerhalb ihrer Ordensgemeinschaft den zweiten Orden nach dem ersten, dem der Männer.»

«Das haben wir schon gehört», sagte Katharina, und Judith fiel rasch ein: «Welche Regel gehört nun zu welchem Orden? Fangen wir besser mit dem Orden oder mit der Regel an, Richenza?»

«Wir werden mit dem Orden anfangen müssen; aber ihr müßt drei Dinge im Voraus wissen. Das erste ist: Bei allen drei Orden haben sich die Leitungen grundsätzlich gegen die Aufnahme von Frauenklöstern ausgesprochen. Sie fürchten die Ablenkung der Brüder von ihren eigentlichen Aufgaben, wenn diese sich auch noch um die sogenannte «cura monialium», die Nonnenseelsorge, kümmern müssen. Man braucht deshalb gute Vermittler, um dennoch in einen Orden aufgenommen zu werden, bis hinauf zum Papst.»

«O je!» sagte Helwidis; «und ich hatte geglaubt, wir wären ganz einfach willkommen!»

«Als zweites muß man wissen», fuhr Richenza fort, ohne darauf einzugehen, «daß alle drei Orden grundsätzlich die Klausur für Frauen verlangen; aber darüber haben wir ja schon gesprochen.»

Judith nickte. «Und drittens?»

«Das dritte ist: Alle drei Orden nehmen, wenn überhaupt, nur solche Frauengemeinschaften auf, die wirtschaftlich völlig gesichert, am liebsten sogar wohlhabend sind.»

«Die Bettelorden auch?» fragte Helwidis ungläubig. «Wie soll denn das zusammenpassen?»

«Das Betteln, oder vielmehr das Arbeiten gegen Geld bleibt den Männern vorbehalten», erklärte Richenza. «Frauen dürfen es nicht; das steht ausdrücklich in den Ordensregeln.»

«Ja – aber worin unterscheiden sich denn dann die Nonnenklöster der drei Orden untereinander?» wollte Katharina wissen.

«Sie unterscheiden sich untereinander weit weniger als die Mönchsklöster; Frauenleben ist halt überall ähnlich», erwiderte Richenza. «Aber es gibt schon Unterschiede, wartet nur.»

Judith hatte über etwas ganz anderes nachgedacht. «Wenn das so ist, Richenza», sagte sie nun, «dann können wir uns doch alle Verhandlungen sparen! Wir sind wirtschaftlich nicht gesichert; wir wollen es doch gerade erst werden! Und woher sollen wir Vermittler bis zum Papst hinauf nehmen?»

«Es lohnt sich schon deswegen, gut zu überlegen, auf welche Klosterregel wir hinarbeiten wollen. Wir brauchen Hilfe, gewiß, aber es gibt auch Leute, die einer Frauengemeinschaft helfen, wenn sie ein Interesse an ihr haben. Gehen wir einmal die drei Orden durch!

Die Zisterzienser, deren Gemeinschaft der heilige Bernhard von Clairvaux berühmt gemacht hat, sind ein Orden der strengen Klosterreform. Bei ihnen wird die Benediktinerregel, nach der sie leben, so ernst genommen, daß die einzelnen Brüder wirklich nur beten, arbeiten und fasten. Ihre Abteien selber aber werden durch die harte Arbeit der Mönche immer reicher, und sie sind wegen beidem – wegen ihrer Askese und wegen ihrer wirtschaftlichen Erfolge – ein angesehener Orden. Die Zisterzienser haben zu den staufischen Kaisern gehalten, als es diese noch gab.»

Richenza schwieg einen Augenblick und fuhr dann fort: «Ich will ganz ehrlich sein: Wenn meine Eltern mich in ein Zisterzienserinnenkloster statt zu den Benediktinerinnen gegeben hätten, wäre ich heute wohl nicht hier. Und wenn es uns jetzt um die Gründung einer Zisterzienserinnen-Abtei ginge, dann würde mich mein

Bruder wohl in Gnaden aufnehmen und vielleicht sogar dabei helfen.»

«Und – geht es dir darum?» fragte Helwidis knapp.

Richenza schüttelte den Kopf. «Nicht mehr», sagte sie lächelnd. «Ich bin schon genau eine Woche zu lange bei euch. Die Zisterzienser sind, wie die Benediktiner, ein adliger Orden; bei ihnen würden Magdalena, Gertrud und Elsbeth und auch noch andere nur als Laienschwestern, als Konversen, aufgenommen werden.»

Katharina lachte. «Und ich natürlich auch. Dir ist es wirklich ernst, Richenza!»

«Den Zisterziensern wäre es ein leichtes, uns wirtschaftlich zu helfen, wenn sie an einer Neugründung interessiert wären; sie könnten das verwüstete Gut der Frau Regula wieder instandsetzen und auch deinen Besitz, Judith, selbst verwalten. Freilich wäre das nicht mehr als ein Grundstock.» Sie zuckte die Achseln. «Könnte ich euch den Besitz einbringen, den meine Familie den Benediktinerinnen geschenkt hat, als ich zu ihnen gegeben wurde, dann würde es gut reichen. Aber den wird die Abtei nicht herausgeben.»

«Ist er denn nicht deine Mitgift?» fragte Helwidis gequält.

«Man nennt ihn nicht gerne so», erklärte Richenza; «denn es wäre Simonie, einen Klosterplatz mit Geld zu erwerben. Die Abtei läßt sich lieber etwas schenken und nimmt dafür den Schenkenden in ihre Gebetsgemeinschaft und sein Kind ins Kloster auf. Das ist mit der Regel des heiligen Benedikt vereinbar und kirchenrechtlich einwandfrei.»

Katharina fiel ihr Ritt mit dem Hausknecht der Perchtingers zu dem Zinsgut ein. «Wer verwaltet denn im Orden der Zisterzienser den Besitz der Nonnen?» fragte sie. «Die Männer oder die Frauen selber?»

«Die Männer. Jedes Nonnenkloster hat eine Gruppe von Laienbrüdern innerhalb der Anlage wohnen, die die weltliche Arbeit tut. Die Frauen arbeiten zwar genau so streng wie die Männer, aber man teilt ihnen weibliche Arbeiten zu. Die Zisterzienser sind gute Planer und straff organisiert. Die Äbtissin ist an die Weisungen eines väterlichen Abtes gebunden.» Richenza lachte. «Jedenfalls ist das hier in Deutschland so», fuhr sie fort. «In Frankreich und Spanien soll es Damen geben, die sich das nicht bieten lassen und sogar eigene Generalkapitel, eigene Jahresversammlungen der Frauenabteien abhalten, unter dem Vorsitz des Generalabtes freilich. Ich kann mir nicht vorstellen, daß diese Frauen sich einfach weibliche Arbeiten zuweisen lassen!»

«Oh!» Katharina war es anzusehen, daß sie nichts dagegen gehabt hätte, Zisterzienser-Äbtissin in Frankreich oder Spanien zu sein.

«Männer in Frauenklöstern?» fragte Judith dagegen sachlich weiter. «Frau Regula hat das bei uns stets abgelehnt.»

«Die gibt es aber überall! Unten in der Abtei ist doch auch ein eigenes Kapitel von Geistlichen, das die Seelsorge ausübt, und natürlich gibt es bei allen Klöstern Ritter, Verwalter, Amtsleute und Knechte. Jedenfalls bei allen reichen Klöstern. Die Äbtissin einer Benediktinerinnen-Abtei regiert den Klosterbesitz wie eine weltliche Fürstin; meist ist sie das ja auch von Haus aus. Und die Männer auf Klostergrund stammen häufig aus der Verwandtschaft der Ordensfrauen; sie leben auf diese Weise mit von dem Kloster, das ihre Familie früher einmal gestiftet oder beschenkt hat, und so bleibt das Geld beisammen. Es hat ja sogar richtige Doppelklöster gegeben und gibt sie wohl noch, doppelte Konvente, in denen Mönche und Nonnen in getrennten Gebäuden, aber mit einer gemeinsamen Kirche zusammenlebten.»

«Und wer ist dort erster und zweiter?» wollte Katharina wissen.

«Dort», erwiderte Richenza, «dort hat die Äbtissin das Sagen, und zwar über Frauen und Männer zusammen, jedenfalls in vielen dieser Doppelklöster. Es hat einmal einen französischen Kleriker vom Orden der Prämonstratenser gegeben, Robert d'Arbrissel hieß er, der richtete erst ein Frauenkloster ein, und als er sah, daß die Sorge um das tägliche Brot die Frauen nicht zum Beten kommen ließ, ordnete er ihnen einen Brüderkonvent zur Hilfe zu und unterstellte ihn der Äbtissin. Es war natürlich auch die Verehrung der Jungfrau Maria dabei im Spiel; jedenfalls mußten die Männer arbeiten und die Frauen durften beten. Und kennt ihr die Geschichte von Abälard und Heloise?»

«Nein, erzähl!»

«Sie waren ein berühmtes Liebespaar, bis eine Katastrophe sie trennte. Beide gingen ins Kloster. Als Heloises Frauenkonvent bald darauf aus seinem Hause vertrieben wurde, da räumte Abälard ihnen sein eigenes Kloster ein und verpflichtete seine Brüder auf den Dienst an Heloises Nonnen. Er hat sogar die Benediktinerregel in eine eigene Regel für die Frauen umgeschrieben und Heloise dabei zu Rate gezogen. Aber auch so etwas gibt es wohl nur in Frankreich; da werden die Frauen höher respektiert als hier.»

«Und warum gibt es nicht mehr viele solcher Doppelklöster?»

Richenza zuckte die Achseln. «Es war wohl doch eine zu unmögliche Art der Frömmigkeit. Bei den Zisterziensern müssen heute wenigstens sieben Meilen zwischen einem Männer- und einem Frauenkloster liegen.» Richenza begann zu lachen. «Aber ratet mal, wie groß der Abstand zwischen zwei Frauenklöstern sein soll!»

«Kleiner natürlich!»

Richenza lachte weiter: «Zehn Meilen! Wahrscheinlich, damit die Schwestern nicht miteinander plaudern können. Manchmal denke ich, das einzige, wovor die Männer in der Kirche bei Frauen wirklich Angst haben, ist das Reden. Das fürchten sie mehr als alle Versuchungen zusammen! Aber kommen wir jetzt zum nächsten der drei Orden, zu den Franziskanern, oder besser: zu ihrem Frauenorden, dem Orden von Sankt Damian. Er heißt so nach dem Kloster der Klara Sciffi bei Assisi, nach der man ihn auch den Klarissenorden nennt.»

Helwidis beugte sich vor; wieder glänzten ihre Augen. «Von der Klara Sciffi habe ich gehört, schon als ich noch auf dem Krähenstein war. Sie lebt also noch? Die berühmte Klara, die der heilige Franziskus selbst eingekleidet hat? Der er eigenhändig die Haare abgeschnitten und die er des weltlichen Schmuckes entkleidet hat, zum Zeichen, daß sie die Welt hinter sich gelassen hat?» Wieder fuhr Helwidis sich über das kurze Haar. «An die Klara Sciffi habe ich gedacht, als ich mir meine Haare abschnitt; denn ich hatte ja niemanden, der mich einkleidete. Sie wird einmal eine Heilige sein, wenn sie es nicht schon ist.»

«Ganz bestimmt!» Und plötzlich glänzten auch Richenzas Augen. «Wenn ich könnte», sagte sie leise, «ich wanderte zu Fuß

über die Alpen und klopfte an die Pforte von Sankt Damian und bäte um Einlaß! Aber da käme halb Europa! Die Klara Sciffi ist die einzige, die es fertiggebracht hat, ihr Kloster ohne Einschränkung bei den Forderungen des heiligen Franziskus zu lassen. Dort haben sie kein Vermögen, sondern leben von Almosen, und weil auch der heilige Franz den Frauen das Betteln verboten hat, warten sie eben auf das, was man ihnen bringt.»

«Und wenn ihnen niemand etwas bringt?»

«Dann hungern sie eben.»

«Und warum können wir das nicht ebenso machen?»

«Weil man, fürchte ich, von uns etwas anderes erwartet. Mit einem zweiten Sankt Damian wäre dem hiesigen Rat nicht gedient.»

«Aber es gibt auch hier in Deutschland Klarissenklöster!» beharrte Helwidis.

«Wenige.»

«Und nach welcher Regel leben sie, wenn außer Sankt Damian kein Kloster das Armutsgebot des heiligen Franziskus wörtlich befolgen darf?» erkundigte sich Judith.

«Nach einer Regel, die ein römischer Kardinal, ein Freund der Bettelorden und der Frauen, nach der Benediktinerregel ausgearbeitet hat.»

«Kann mir jetzt», unterbrach Katharina energisch, «jemand den Unterschied zwischen Benediktiner- und Augustinerregel erklären? Es kommt immer wieder «benediktinisch» vor, und ich kann mir nichts Genaues darunter vorstellen.»

«Das ist nicht ganz einfach – warte!» erklärte Richenza und überlegte einen Augenblick. Dann erhellte sich ihr Gesicht, und sie sagte: «Vielleicht geht es so, wie es mir einmal jemand erklärt hat: Die Benediktiner sind im Herzen ein Laienorden. Gewiß, sie sind häufig Geistliche und auch große Gelehrte, aber ihr letztes, innerstes Verhältnis zu Gott ist ganz einfach und bedarf keiner Vermittlung; sie heiligen sich gewissermaßen selbst. Ihre eigentliche Kraft ist der *Friede ihrer Herzen,* und deshalb wohl hat der Kardinal Hugolino den Franziskanerinnen eine im Kern benediktinische Regel gegeben.»

«Die will ich haben!» erklärte Helwidis ohne Besinnen.

«Erst noch die Augustinerregel!» verlangte Katharina.

«Sie geht auf den heiligen Augustinus zurück und ist im Kern eine geistliche Regel. Sie gründet das Verhältnis der Menschen zu Gott auf priesterliche Vermittlung, auf umfassendes Gebet und auf unablässige Betrachtung, auf *Nachdenken und Suchen,* auf Fragen und Wissen.»

«Aber Frauen dürfen doch keine Geistlichen sein!» sagte Katharina.

«Nein. Aber sie können die vollen Gebetspflichten der Geistlichen erfüllen, sie dürfen denken und suchen.»

«Und die Augustinerregel gilt – bei welchen Orden?»

«Bei den Prämonstratensern, bei den Augustinerchorherren und -kanonissen, das sind zumeist Angehörige reicher adliger Stifte, nun, und bei den Dominikanern.»

«Dann weiß ich, was ich will!» sagte Katharina befriedigt.

«Eine Franziskanerin, eine Dominikanerin –», sagte Judith halb lachend, halb seufzend; «und was sind wir beide, Richenza?»

«Wir sind kluge Jungfrauen und achten darauf, daß das Öl in unserer Lampe nicht ausgeht! Aber du wolltest noch mit Ursula sprechen.»

«Ja», sagte Judith, «und am besten jetzt gleich. Kommst du mit, Richenza?»

Sie fanden Ursula im Schlafsaal bei ihren Büchern, mit dem Abschreiben eines Salbenrezeptes beschäftigt; Magdalena leistete ihr mit dem Spinnrad Gesellschaft. Offenbar hatten sich beide bei der Arbeit auch unterhalten – kein Wunder, denn dies waren Tage, in denen viel untereinander gesprochen und beratschlagt wurde.

Ursula hatte inzwischen Zeit gehabt, ihre Gedanken zu ordnen. «Der Unterschied zwischen mir und den anderen», sagte sie, zu Judith gewandt, «ist einfach der, daß die anderen Gott *ganz direkt* suchen und finden wollen, während ich ihn *nur über die Hilfe für Mühselige und Beladene* erreichen kann, wie Christus sie uns gelehrt hat. In einem Kloster gilt die erste Art mehr, in einem Spital wäre die meinige am Platz. Für Leute wie mich müßte es eine dritte Art von Orden geben, die die Klostergelübde mitten in der Welt, im Dienst an den Leidenden, erfüllt.»

«Dann gründe doch diesen dritten Orden», sagte Richenza überrascht; «du könntest recht haben!»

Doch Ursula schüttelte den Kopf. «Ich bin nicht jemand, der Orden gründet», sagte sie. «Für mich gibt es jetzt nur noch die Wahl zwischen Spital und Kloster, und ich bin schon viel zu weit mit euch gewandert, als daß ich jetzt noch umkehren möchte. Aber ich weiß nicht recht, was ich im Kloster für Christus tun könnte.»

Da meldete sich plötzlich Magdalena zu Wort. «Ich denke mir», sagte sie eifrig, «daß Christus sich freut, wenn auch für ihn jemand ganz einfach zu Hause ist. So wie die Frauen zu Hause auf ihre Männer warten und wie die Pflegerinnen im Spital da sind, wenn Kranke kommen, so muß ja auch für Christus jemand zu Hause sein, falls er plötzlich jemanden braucht. Tu du das und laß in der Zwischenzeit dein Lämpchen nicht ausgehen, so wie die klugen Jungfrauen, von denen der Predigerbruder gesprochen hat.»

Die anderen sahen sich sprachlos an. Das war die längste Rede, die Magdalena jemals gehalten hatte, und eine ganz erstaunliche Rede noch dazu! Und sie wirkte sofort.

«Du bist lieb, Magdalena», sagte Ursula erleichtert und getröstet, «und klug dazu wie deine Jungfrauen. Ja – darauf kann ich es wagen!»

Später am Abend, kurz vor der Komplet, klopfte es leise an der Stubentür. Judith hatte gerade das Haushaltsbuch zugeklappt, denn es war nun zu dunkel zum Lesen, und man konnte nicht gut die teuren Talglichte an eine Arbeit verschwenden, für die morgen das Tageslicht wieder schien. Aber sie war auch nicht recht bei der Sache gewesen; ihre Gedanken waren noch bei den Gesprächen des Tages, bei Ursula und Magdalena. «Sei du einfach zu Hause!» Das war auch für sie ein tröstliches Wort. Sie war Magdalena dankbar dafür, vor allem aber dafür, daß sie Ursula mit diesem Wort bei den anderen gehalten hatte.

Es klopfte also, und vor der Tür stand Richenza.

«Komm herein!» sagte Judith erfreut; sie zog die hölzernen Laden vor die Fenster und klappte den Deckel der Truhe zu, so daß man sich auf diese setzen konnte. Richenza nahm bereitwillig Platz.

Es verstand sich eigentlich nicht von selber, daß man mit Richenza so umgehen konnte wie mit den anderen; denn es lagen Welten zwischen dem mächtigen Hause, aus dem sie kam, und den ärmlichen Kammern, in denen die meisten anderen Gefährtinnen geboren worden waren. Jedermann in der Welt draußen, aber auch fast alle, die in einem Kloster lebten, kannten und respektierten die Unterschiede zwischen den Ständen, ganz gleich, wohin sie selber gehörten und ob sie damit einverstanden waren. Menschen verschiedener Herkunft unter einem Dach, und sei es einem Klosterdach zu vereinigen, das war beinah so, als ob man verschiedene Tiere in einem Stall zusammensperrte; das tat ja auch kein Bauer. An diesen Zustand hatte auch die Armutsbewegung der Zeit nicht wirklich gerührt; denn es hatte sich zwar manche Fürstin zu den Armen begeben, aber umgekehrt war noch keine Magd auf den Stuhl einer Äbtissin gelangt. Es mußte Richenza wirklich ernst sein mit dem Armutsgebot!

«Ich wollte noch etwas zu der Beratung von vorhin sagen», begann diese; «etwas, das du für die Verhandlungen mit dem Bischof wissen mußt. Katharina und Helwidis haben natürlich recht, wenn sie zuallererst nach unserem künftigen geistlichen Weg fragen, aber wir sind vorhin doch zu rasch vom praktischen Teil der Sache abgekommen. Ich fürchte, der Bischof wird uns ganz einfach die Augustinerregel nahelegen, und das heißt, daß es ohne große Wahl auf Frau Regulas Wunsch, auf den Anschluß an die Dominikaner, herauslaufen wird. Du kannst dir die Städte von Zürich bis Köln und auch hier in Franken ansehen: überall vollzieht sich das gleiche – es werden Dominikanerinnenklöster gegründet.»

«Und woran liegt das?» wollte Judith wissen. Fast war sie ein wenig enttäuscht, daß der weite Blick, den Richenzas Erzählungen eben erst geöffnet hatten, sich nun schon wieder verengen sollte. Das Gespräch vom Vormittag hatte ihr ja zum ersten Mal das künftige Leben in seinem ganzen, großen Zusammenhang gezeigt.

«Das liegt vor allem daran», erwiderte Richenza, «daß die Predigerbrüder sich wirklich um Frauengemeinschaften kümmern. Vielleicht auch daran, daß sie nicht nur Armut und Weltverzicht predigen, sondern auch Lebensregeln geben, wie wir Frauen sie gern haben; die Klarissen sind da viel herber. Und sicherlich liegt es auch daran, daß sie den Frauen das Nachdenken, das in den Städten so hoch im Kurse steht, erlauben und ihnen sogar Mut dazu machen.»

«Das alles wäre freilich sehr in Frau Regulas Sinn», beschied Judith sich mit einem leisen Seufzen. «Also gut. Du meinst, der Bischof wird uns die Dominikanerregel praktisch vorschreiben?»

«Genauer gesagt, die Dominikanerinnenregel, denn die ist etwas eigenes: Der heilige Dominikus hat selber darin eingewilligt, daß Nonnen aus seinem ersten Frauenkloster in Südfrankreich, aus dem Ketzergebiet, ein Kloster in Rom reformierten, das Sixtus-Kloster; und die Statuten dieses römischen Frauenklosters, die Statuten von San Sisto, sind praktisch die Dominikanerinnenregel, und die wird der Bischof euch nennen.»

«Dann hätten wir es immerhin mit den hiesigen Brüdern zu tun», sagte Judith; «da gäbe es Schlimmeres.»

«Das meine ich auch», erwiderte Richenza; «und vor allem meine ich es, seit ich die Bücher und Predigten kenne, die ihr von den Brüdern bekommt. Außerdem würde das Ansehen der Predigerbrüder, ob Helwidis das mag oder nicht, die eine oder andere wohlhabende Frau zum Eintritt und zur Stiftung ihres Vermögens bewegen; damit wäre uns wirtschaftlich geholfen. Es ist mir zwar zuwider, schon wieder an Geld denken zu müssen, nachdem ich den Reichtum der Abtei gerade hinter mir gelassen habe; aber wir Frauen stecken halt in diesem ewigen Zwangskreis: Wenn wir nicht wohlhabend sind, nimmt uns kein Orden, aber wenn uns kein Orden nimmt, bringt uns auch niemand ein gesichertes Auskommen ein.»

«Aber wo bleibt Helwidis' Strenge, wenn wir so denken müssen?» wollte Judith wissen.

«Und wo bleibt Katharinas – und meine – Gottsuche, wenn wir nicht Ordensfrauen werden?» fragte Richenza dagegen. «Da hast du das ganze Problem. Es kommt eben alles darauf an, daß wir selber genau wissen, was wir wollen und uns nicht irre machen lassen. Aber wegen dieser Fragen komme ich jetzt gar nicht.»

«Sondern?» fragte Judith; «das war doch alles sehr hilfreich und nützlich!»

«Erinnerst du dich an das zweite, das ich sagte?» fragte Richenza dagegen. «Daß die Orden nicht gern neue Frauenklöster aufnehmen? Sie verbieten es ihren männlichen Mitgliedern bisweilen sogar bei Strafe von Wasser und Brot, Frauengemeinschaften zur Klostergründung zu ermutigen oder womöglich deren Gelübde ohne Einwilligung ihrer Oberen entgegenzunehmen. Die Brüder tun es Gottseidank trotzdem immer wieder, nicht nur hier am Ort, und am Ende findet sich auch der Orden meistens bereit, das neue Kloster in seinen Verband aufzunehmen. Aber, wie gesagt, man braucht dazu eine gute Vermittlung, und deswegen komme ich jetzt.»

«Aber Richenza», sagte Judith mit wachsendem Staunen; «ihr werdet doch nicht bei den Benediktinerinnen darüber nachgedacht haben, wie man anderswo Nonne wird!»

«Ich schon! Aber ich hatte auch gute Gründe.» Richenza machte ein beinah verschmitztes Gesicht. «Ich bin nämlich nicht das einzige schwarze Schaf in meiner Familie!»

Judith mußte lachen. «Herr Kuno sah aber so entrüstet aus, als habe er bei euch noch nie ein anderes gesehen!»

«Das kann auch gut sein. Den ersten Fall haben meine Brüder unter sich geregelt. Mein zweiter Bruder ist nämlich auch ausgebrochen und zu den Bettelorden gegangen. Er sollte eine Stiftspfründe an meiner Abtei bekommen, die ja das Hauskloster unserer Familie ist. Das heißt einfach, er sollte dort Geistlicher werden und dafür ein gutes Einkommen beziehen. Aber er wollte das nicht. Er hat unserem ältesten Bruder alles vor die Füße geworfen und ist bei den Dominikanern eingetreten!»

«Ah so!» sagte Judith; «und das könnte –! Aber erzähl erst, wie es bei euch weiterging.»

«Erst gab es einen furchtbaren Krach. Aber unser Name hat auch bei den Dominikanern Gewicht, und so schickte der Orden meinen Bruder zum Studium nach Paris; und weil in Paris auch die Söhne von Fürsten und Königen studieren und weil der Orden dort weitberühmte Gelehrte hat, fand unser ältester Bruder die Sache dann nicht mehr ganz so schlimm. Ich habe an diesem zweiten Bruder immer sehr gehangen, und ihn auch nach seinem Schritt noch ein paarmal gesehen und gesprochen; danach war mir mein Leben in der Abtei auch verleidet, und ich bin geflohen. Aber natürlich, wenn ein Mädchen dasselbe tut wie ein Mann –! Und ich kann ja auch nicht in Paris studieren, ich kann mich nur zu den Spitalerinnen flüchten, und das findet die Familie dann wieder unpassend. Aber ich wollte mit der ganzen Geschichte nur sagen: Ich könnte notfalls meinen Bruder zur Fürsprache bei dem Dominikanerprovinzial oder dem Generalkapitel gewinnen. Das sollst du nur wissen, ehe du mit dem Bischof sprichst.»

Der Bischof hielt einen prachtvollen Einzug in die Stadt, geleitet von ihrer Geistlichkeit, die ihm zur Begrüßung entgegengezogen war. Das Volk nahm andächtigen Anteil an den feierlichen Gottesdiensten und Weiheakten der nächsten Tage, und auch die städtische Obrigkeit von Schultheiß und Schöffen bezeigte Respekt und Zuvorkommenheit gegen den hohen Gast. So war nach außen alles in schöner Ordnung, und doch waren es anstrengende Tage. Der Bischof hatte wohl gewußt, warum er die ihm angebotene Gastfreundschaft von Ritterorden, Bettelkloster und Stadt gleichermaßen ausgeschlagen und statt dessen die Einladung von Herrn Johannes Thurner angenommen hatte. Frau Regulas alter Freund hatte als Kern seines städtischen Besitzes den ehemals königlichen Wirtschaftshof an der Stadtmauer inne, und wenn auch die mit diesem verbundenen Rechte und Pflichten inzwischen umstritten waren, so hing dem Anwesen doch noch immer etwas von seiner alten, königlichen Überparteilichkeit an. Und die konnte der Bischof brauchen!

Als erstes waren befreundete Kanoniker mit Klagen über den Ritterorden zu ihm gekommen; dann hatte sich dieser hemdsärmelig gegen Stift und Bischof durchgesetzt. Von der Stadt, um deren Pfarrstellen es dabei ging, war kein Beistand gekommen, weil sie für ihre Spitalpläne auf den Ritterorden angewiesen war. Da wäre es dem Bischof beinah eine Genugtuung gewesen, daß die neuen Predigerbrüder mit ihrer Beliebtheit im Volk der städtischen Geistlichkeit offenbar gründlich das Wasser abgruben; aber doch nur beinah, denn es erzürnte den Klerus und zwang den Bischof zur Zurückhaltung gegen die Bettelbrüder.

So hatte er überall halbherzig geschlichtet und auch nur mit halber Freude die Bitte angehört, die ihm der Prior des Predigerkonvents gleich anfangs vorgetragen hatte, die Bitte um Beistand bei der Gründung des neuen Frauenklosters. Der Bischof hatte nichts gegen neue Frauenklöster, im Gegenteil, und er hatte erst recht nichts gegen Bettelorden; aber wenn die Frauen in den Klöstern so arm wie Kirchenmäuse waren, dann zog neuer Ärger herauf. Dann ließ der Dominikanerorden sich mit ihrer Aufnahme womöglich so lange Zeit, bis sie reicher waren, und bis dahin waren sie der Fürsorge des Bischofs anempfohlen. Kloster zu gründen, konnte ein undankbares Geschäft sein!

Wenigstens hier wäre Beistand von der Stadt zu erwarten gewesen, statt dessen aber gab es in ihr heftigen Streit. Eine Partei, deren Wortführer Herr Anton Magerlein war, wollte keinen Pfennig Silber zugunsten der neuen Gründung aus dem Stadtsäckel herausrücken und war überhaupt gegen eine solche Gründung zu diesem Zeitpunkt und mit dieser Frauengruppe. Die andere Partei hinter Herrn Michael Perchtinger setzte sich dagegen mit Nachdruck für kräftige städtische Hilfe bei einer Klostergründung ein.

Der Bischof hatte sich vergeblich gefragt, warum die beiden Herren einander wohl so spinnefeind sein mochten; Gerüchte aus der Stadt wollten sogar von heftigen, persönlichen Zusammenstößen zwischen ihnen in der Ratsstube wissen. Erst ein Gespräch mit seinem Gastgeber klärte den Bischof über diesen Teil der Klosterfrage auf. Es sah in der Stadt nicht nach baldiger Versöhnung aus, und wenn man dazu noch die Verärgerung einer der mächtigsten Familien des Landes über das ihrer Tochter gewährte Asyl nahm, dann konnte man es dem Bischof nicht verdenken, daß er am Ende des dritten Tages seine Schritte in mißmutiger, wenn nicht unwilliger Stimmung zum Haus in der oberen Torgasse lenkte. Herr Johannes begleitete ihn; ein junger Kleriker, der als Schreiber dienen sollte, folgte in respektvollem Abstand.

Judith hatte es nach reiflicher Überlegung für richtig gehalten, Katharina und Helwidis nichts davon zu sagen, wie eng der erhoffte Verhandlungsspielraum in Wirklichkeit war. Es war besser, wenn das mit der Autorität des Bischofs mitgeteilt wurde; Katharina konnte es nur recht sein, und für Helwidis, so war zu hoffen, wurde damit der Verzicht auf die Franziskanerregel leichter gemacht. Doch diese Hoffnung sollte auf eine harte Probe gestellt werden.

Wie Richenza es vorhergesehen hatte, steuerte der Bischof von Anfang an auf die Regel der Dominikanerinnen von San Sisto in Rom zu. Er hielt sich nur kurz beim Gedenken an Frau Regula auf, rühmte den untadeligen Ruf des Hauses, erwähnte die Fürsprache des Priors vom Brüderkonvent, ließ wirtschaftliche Fragen einstweilen beiseite und hob eben an, die Regel zu erläutern, die der Ordensgründer Dominikus selbst den Frauen empfohlen hatte, als Helwidis' entschlossene Stimme ihn unterbrach.

«Erlaubt, Herr Bischof», sagte sie, ungerührt vom Zusammenzucken des Schreibers und dem Stirnrunzeln des Schutzvogts. «Erlaubt, aber wir Frauen waren – sind – der Meinung, daß unsere Stimme bei der Wahl der Regel gehört werden muß. Ich zähle darauf, daß Ihr uns auch die Regel der Klarissen erläutern und uns die Wahl freistellen werdet.»

Der Kleriker brachte einen jähen Tintenklecks zu Papier, Herr Johannes schüttelte erst den Kopf und lächelte dann; der Bischof setzte sich kerzengerade auf und musterte die Fragerin. Das hatte noch gefehlt!

«Und wo», fragte er mit leiser Schärfe, «wo seht Ihr in Eurer Lage eine Voraussetzung für die Regel des Kardinals Hugolin?»

«In uns selber», erwiderte Helwidis erstaunt.

Der Bischof räusperte sich. «Vielleicht sollte ich etwas deutlicher werden! Ihr werdet auf die Betreuung durch einen Brüderkonvent angewiesen sein, das wißt Ihr. Die Dominikaner haben einen solchen hier am Ort; das nächste Haus der Franziskaner dagegen ist dafür zu weit von hier entfernt – selbst wenn die Brüder dort willens wären, was erst erkundet werden müßte. Aber schon diese Überlegung ist zu weit hergeholt. Ihr werdet genau das Kloster gründen müssen, das Eure Stadt braucht und fördern kann, und das sie auch fördern wird, sobald ihre benebelten Köpfe wieder klar sind. Und für dieses Kloster, das sollte nun klar sein, will ich Euch die Regel umreißen.»

Doch Helwidis war nicht so leicht einzuschüchtern. «Warum sollen wir das Kloster gründen, das die Stadt braucht? Wer soll denn bei uns eintreten, wir oder die Stadt?»

Der Schreiber hatte die Gänsefeder niedergelegt und hörte gespannt zu. Herr Johannes war in tiefe Gedanken versunken.

«Nun –», sagte der Bischof gedehnt, «wenn Ihr es so genau wissen wollt: die Stadt. Oder vielmehr: die Frauen aus der Stadt, die Euch ihr Einkommen zubringen können. Ihr seid arm, vergeßt das nicht, und danach fragen die Franziskaner ebenso wie alle anderen Orden. Wäret Ihr wohlhabend, dann würde ich Euch viel Glück zu Euren Vorstellungen wünschen.»

Das war schärfer gesagt, als der geplagte Mann es meinte; es setzte Helwidis' ganze Leidenschaft frei.

«Ich weiß jetzt», sagte sie heftig, «warum der heilige Franziskus von Assisi mit all dem ein Ende gemacht hat, mit diesen Halbherzigkeiten und mit dem Schielen nach allen Seiten! Wer Christus nachfolgen will, darf nicht nach rechts und nach links sehen; der muß alles hinter sich lassen, und das will ich tun!»

Judith legte warnend einen Finger auf die Lippen, doch der Bischof lächelte auf einmal. «Ich verstehe Euch gut», sagte er unerwartet, «und nach diesen letzten Tagen doppelt. Laßt Euch dennoch sagen, daß der Heilige von Assisi sehr sorglich und umsichtig war, vor allem gegen Frauen. Aber da Ihr so genau wißt, was Ihr wollt: Hättet Ihr denn einen Fürsprecher an der Kurie in Rom, der Euch,

ob reich oder arm, zur Aufnahme in den Orden von Sankt Damian verhelfen könnte? Ohne Fürsprache würdet Ihr sie nämlich niemals erlangen.»

«Einen Fürsprecher in Rom?» fragte Helwidis, unsicher geworden; «natürlich nicht! Braucht man denn auch einen Fürsprecher, wenn man einfach nur arm sein will?»

«Wenn man in einem von der Kurie anerkannten Kloster – und andere Häuser sind keine wirklichen Klöster – arm sein will, dann ja! Einfacher liegen die Dinge leider nicht.» Der Bischof sagte es fast mitleidig.

Einen Augenblick lang schwieg Helwidis unschlüssig; dann stand sie auf. «Ich will nicht!» sagte sie. «Ehe ich vom Geld wohlhabender Frauen abhängig werde, gehe ich betteln!» Und sie wandte sich zur Tür.

Judith wollte sie zurückhalten, und auch Katharina war aufgesprungen; doch Herr Johannes kam beiden zuvor.

«Ich glaube, Jungfer Helwidis», sagte er, zu der Innehaltenden gewandt, «daß jedes Kloster ganz genau so weit auf Armut und Gottessuche ausgerichtet ist, wie *seine Insassinnen* das wollen. Die Regel des heiligen Dominikus gibt Euch wahrhaftig das Rüstzeug dazu an die Hand; sie ist unmißverständlich auf Armut gegründet! Aber ich begreife, daß Euch ein Werben um die Gunst reicher Gönnerinnen belastet; und weil ich möchte, daß Ihr Eure Gelübde unbekümmerten Herzens ablegt, will ich das Meinige dazu tun.»

Er schwieg und ging offenbar in Gedanken noch einmal die Überlegungen durch, die ihn eben beschäftigt hatten.

«Ich will Eurem Haus», sagte er dann, «dem Haus der von mir verehrten Frau Regula, die Unabhängigkeit geben, die ihm einen guten Stand im Orden und in der Stadt sichern wird. Ich überschreibe noch heute meinen gesamten Besitz – insbesondere mein Stadthaus mit seinen Anlagen – dem neuen Konvent als bauliche Grundausstattung. Mir selbst behalte ich nur eine Rente aus meinen bisherigen Einkünften vor; ich will sie in einer bescheidenen Zelle auf dem Boden dieser meiner Stiftung verzehren. Mit dieser Schenkung erwerbe ich mir, das ist mein Wille, eine tägliche Fürsprache im Gebet und eine Seelenmesse an jedem Jahrestag der Klostergründung, dazu eine Grablege in der künftigen Klosterkirche. In allem anderen soll der Konvent frei und ohne Bindung sein. Ich gehe freilich davon aus, daß nun kein Einwand mehr gegen die Regel des Predigerordens besteht.»

Die drei Frauen sahen einander sprachlos an, und auch der Bischof brauchte eine Weile, bis er Worte fand.

«Dieser Euer großmütiger Entschluß», sagte er schließlich, «kann gewiß nur als Eingebung Gottes gedeutet werden. Aber wenn man es wohl bedenkt, tut Ihr recht an ihm. Denn was sind wenige, kurze Jahre des irdischen Wohllebens, wie Ihr sie noch vor Euch hättet, verglichen mit der Wegstrecke im Fegefeuer, die Euch nun erlassen sein wird? Wahrhaftig, Herr Johannes, Ihr habt nicht nur großmütig, sondern auch klug gehandelt. Ich danke Euch!»

Helwidis hatte diesmal geduldig auf das Ende seiner Rede gewartet, doch dann wandte sie sich, ehe Judith etwas sagen konnte, an den alten Freund. Sie ergriff seine Hände und sagte mit einer ganz hellen, fast kindlichen Stimme:

«Lieber Vater, denn so muß ich Euch nennen, verzeiht mir meine Ungeduld von vorhin. Ich will selbst die Fürbittegebete für Euch sprechen, und nicht nur einmal am Tage, sondern bei jedem Gebet von neuem. Und wenn Gott die Liebe, die mir zu Euch erwachsen ist, in der Kraft meiner Bitten wiedererkennt und vor seinem Thron annimmt, dann soll Eure Seele nicht nur keinen Fußbreit im Fegefeuer gehen müssen, sondern mit Jauchzen am Himmelstor empfangen werden!»

Dann kniete sie vor dem Bischof nieder. «Verzeiht auch Ihr mir meine Unbotmäßigkeit!»

Der lächelte dem alten Mann zu. «Ihr seid zu beneiden», sagte er und winkte dem Schreiber zum Gehen; «wer es Euch doch nachtun könnte!»

Nun wollte auch Judith ihren Dank sagen, doch Herr Johannes unterbrach sie freundlich. «Könnt Ihr mir etwas Schöneres sagen als Eure Gefährtin es eben getan hat? Auf diese Verheißung will ich meine letzten Lebensjahre bauen und Euch meinen weltlichen Besitz mit Freuden lassen. Freilich werdet Ihr Euch auch jetzt noch mit Geduld wappnen müssen, denn ich brauche Zeit, um ihn für die Aufnahme von Klosterfrauen einzurichten; und bis dahin wird Euch dieses Haus noch dienen müssen. Aber Eurer Weihe steht nun nichts mehr im Wege.»

Jedesmal, wenn Judith in späteren Jahren die feierliche Aufnahme der jungen Novizinnen des Klosters in den Kreis der Ordensfrauen, die Ablegung ihrer Klostergelübde, vorzubereiten hatte, wanderten ihre Gedanken zu der einfachen Zeremonie zurück, in der sie selbst mit den Gefährtinnen zusammen die Weihe erhalten hatte. Und jedesmal wollte es ihr so scheinen, als könne nie mehr etwas diesem Tage gleichkommen, an dem sie die Welt endgültig hinter sich gelassen und sich ganz und gar Gott anvertraut hatte.

Es war ein heller Januartag gewesen, Dreikönigstag, aber sein Licht war nicht nur von der Sonne gekommen, die auf den kleinen Altar schien, vor dem die Frauen knieten. Das Licht war ganz plötzlich in ihnen gewesen, ganz tief innen, und es war immer klarer geworden, bis es schließlich überfloß und sie alle einhüllte und schwerelos machte. Und dieses Licht war fortan nie mehr ganz von Judiths Weg gewichen, so dunkel und trübe manche Tage auch sein mochten; es wehrte auch später jeder Unruhe und jedem Zweifel.

Immer wieder sah Judith das festlich geschmückte kleine Oratorium des Hauses vor sich und vernahm die Worte des Bischofs bei der Einkleidung: «Gott, der Du Deinen Gläubigen das Gewand des Heils und die Kleidung der ewigen Freude verheißen hast, wir erbitten Deine Milde, auf daß Du diese Gewänder segnen mögest, die Symbole der Demut des Herzens und der Verwerfung der Welt, durch die Deine Dienerin auf sichtbare Weise ihr heiliges Gelöbnis deutlich machen will...»

Sie spürte wieder den Schnitt der Schere, unter dem nun auch ihr langes Haar fiel, und vernahm die Worte beim Anlegen des bräutlichen Schleiers: «...du wollest diesen Schleier segnen und heiligen, mit dem Deine Dienerin sich bedeckt zum Zeichen, daß sie ihre Jungfräulichkeit wahren will...»

Es hatte nichts gefehlt, was die symbolische Vermählung der Gottesbräute mit Christus zum Ausdruck brachte: Die Rechte jeder künftigen Nonne war stellvertretend in die Rechte des Bischofs gelegt worden; jede einzelne hatte einen Ring an die Hand gesteckt be-

kommen, das Zeichen der Gemeinschaft, die ab heute galt. Nein, dies war kein Tag des Verzichts gewesen; es war ein Tag der Verheißung.

Sie alle hatten das dreifache Gelübde von Armut, Keuschheit und Gehorsam wiederholt – nun bekam es geistlichen und zugleich auch rechtlichen Charakter und war unwiderruflich besiegelt. Mit der Weihe durch den Bischof traten die Frauen in den religiösen Stand ein und gehörten nun der Kirche an. Die Verhandlungen über die Aufnahme in den Dominikanerorden wurden sofort aufgenommen; einstweilen stand das Haus unter dem ausdrücklichen Schutz des Bischofs; ein eigener Brief bestätigte ihn.

Die zwölf schmalen Ringe waren von Herrn Johannes gestiftet worden; sie hatten nichts gemein mit den kostbaren, edelsteingeschmückten Goldringen, die künftige Novizinnen des Klosters in ihrer Aussteuer mitbringen sollten. Das Gerät bei dem kleinen Festmahl war nur geringfügig durch erste Stiftungen ergänzt worden; welcher Unterschied zu den gravierten Silberlöffeln und den vergoldeten Silberkannen späterer Mitgiften, die von ihren Eigentümerinnen am liebsten gleich zu prunkvollen Festmählern wie bei einer wirklichen Hochzeit gebraucht worden wären! Auch den strengen Forderungen der Gelübde war die Gemeinschaft nie wieder so nahe gewesen wie damals am Anfang.

Dafür waren aber auch alle Gefährtinnen zu vollgültigen Klosterfrauen geweiht worden, auch Elsbeth, auch Magdalena. Es sollte auch in Zukunft die eine oder andere Elsbeth im Kloster geben, aber keine Magdalena mehr; und über den Rang einer Laienschwester kam auch keine Elsbeth mehr hinaus; das hieß: sie nahm zwar am geistlichen Leben der Gemeinschaft teil, aber sie erfuhr nicht die Weihe zur Braut Christi. Eine Magdalena dagegen tat gut daran, künftig von vornherein an anderen Pforten anzuklopfen.

Auch mit den kostbaren Stoffen, die wohlhabende Ritter und Bürger ihren Töchtern später in die Klosteraussteuer gaben, war es anfangs nicht weit her gewesen. Die Schwestern trugen ein einfaches, langes Kleid aus grober Leinwand, gerade so lang, daß es die Füße bedeckte, aber nicht so lang, daß es rauschend nachschleppen konnte; gerade so weit, daß es keine Formen erkennen ließ, aber nicht so weit, daß es sich bauschte oder Falten warf. Die Ärmel waren so lang, daß nur die Hände freiblieben, die Füße steckten in einfachen Schuhen oder Sandalen.

Die Brüder vom Dominikanerkloster hatten die Wahl ihrer Ordensfarben gutgeheißen; und so war das Gewand weiß, wie Elsbeth es sich gewünscht hatte. Darüber kam ein schwarzer Mantel, der nachts auch zum Zudecken diente. Um Kopf und Hals lag die weiche, weiße Binde, die auch von den verheirateten Frauen in der Welt draußen getragen wurde und die man «das Gebende» nannte, und über dieser der schwarze Nonnenschleier aus Leinwand. In Anlehnung an die Kleidung der Brüder wurde dieser Tracht noch das Skapulier hinzugefügt: eine weiße, lose auf Brust und Rücken aufliegende Stoffbahn.

Es war eine Kleidung, für die es noch keine Schneiderregel gab, und sie war in ihrer Grundform allen Ordensfrauen gemeinsam, weil es keine andere Tracht gab, die zugleich der Sitte entsprach und doch nichts Weltliches an sich hatte. Nur die Wahl zwischen den Grundfarben der Orden, die den fröhlichen Farben der Welt ausdrücklich absagten, blieb offen: während die Klarissen den groben braunen, mit einem Hanfstrick gegürteten Wollkittel der Franziskaner trugen, folgten die Zisterzienserinnen in ihrer Kleidung dem ausgebleichten Weißgrau der Ordensbrüder. Und die Benediktinerinnen waren so schwarz und auch häufig so kostbar gekleidet, wie Richenza bei ihrem Erscheinen. Reiche Stoffe gab es auch bei den adligen Kanonissen, die der Augustinerregel folgten und ebenfalls eine weiße Tunika zum schwarzen Mantel trugen. Schneeweiß waren nur die Reuerinnen oder Magdalenerinnen, zu denen Frau Regula ihre eigene Magdalena damals gern gegeben hätte.

Die ganze Gruppe der Schwestern brauchte eine Weile, bis sie von *diesem Tag* her wieder zurück in den Alltag fand. Es war ein seltsamer Zustand, denn an ihrem äußerlichen Leben änderte sich vorläufig kaum etwas. Man mußte warten, bis der von Herrn Johannes mit Eifer betriebene Umbau seines Stadthauses in ein Klostergebäude fertig war. Bis auf Ursula hatten alle den Dienst im Spital schon aufgegeben. Katharina nutzte die Zeit zum Studium, und der Bruder Lesemeister des Brüderkonvents lieh ihr bereitwillig theologische – lateinische – Literatur dazu. Aber es war seltsam, Nonne zu sein und doch wieder noch nicht. Judith merkte, daß sie sich nach dem festen Rückhalt eines richtigen Klosters und eines Ordens zu sehnen begann.

Ehe aber an die neue Lebensform ernsthaft gedacht werden konnte, galt es nun, die künftige Ordnung des Hauses zu entwerfen. Der Bischof hatte eine Abschrift der Konstitutionen von San Sisto, die man nach einem anderen frühen Frauenkloster auch häufig die Regel von Sankt Markus in Straßburg nannte, geschickt und in einem begleitenden Brief jeder Schwester nahegelegt, sich mit ihr vertraut zu machen; später werde eine Beschäftigung mit der Ordensregel ohnehin zu den Pflichten der Gemeinschaft gehören.

Die Grundlage dieser Regel war die Mahnung des heiligen Augustinus zu gegenseitiger Liebe und Hochschätzung ohne Ansehen der Person, zur Einmütigkeit der Seelen und Herzen in der Liebe Gottes, zum Verzicht auf jeden persönlichen Besitz, zum Erheben der Herzen und nicht der Köpfe, zur Rücksicht auf die Schwachen und Hilfe für die Elenden.

Für die Frauen fügten die Statuten von San Sisto dieser Regel das vielberedete Klausurgebot sowie die Verpflichtung zu Gebeten und Fasten nach den Gepflogenheiten der Brüder hinzu, und entsprechend verlangten sie nun ausdrücklich die Anlehnung an den nächsten Brüderkonvent, mit dessen Leiter die Priorin die Angelegenheiten des Klosters, vor allem die Seelsorge, regeln sollte.

Aber die Lebensgewohnheiten der einzelnen Klöster wechselten von Land zu Land mit den Gegebenheiten von Sitte und Herkommen, und selbst innerhalb einer Ordensprovinz gab es in dieser Anfangszeit von Kloster zu Kloster desselben Ordens Unterschiede wirtschaftlicher, rechtlicher und sozialer Art. Deshalb beschloß jede Gemeinschaft selbst die Ausführungsbestimmungen innerhalb der Regel, ihre «Consuetudines» oder Gewohnheiten, wie man sie nannte.

Dabei gab es wirkliche Freiräume, durften eigene Erfahrun-

gen ebenso einfließen wie der Rat von Schwesterklöstern aus anderen Städten. Selbst für die Strenge, mit der die Klausur eingehalten werden mußte, gab es zu Judiths Erstaunen ein wenig Spielraum. Sie berieten ihre Regel, Punkt für Punkt, und als sich Judith am Ende der letzten langen Kapitelversammlung vergewisserte: «Dann wären wir wirklich fertig mit ihr?» und zu Katharina sagte: «Schreib also, Katharina!» – da war es eine strenge Ordnung, die nun in sauberen lateinischen Worten niedergeschrieben wurde.

Als nächstes ließ der Prior des Dominikaner-Konvents die künftigen Schwestern wissen, der Generalmagister des Ordens, wiewohl grundsätzlich aufgeschlossen, ringe doch die Hände über die Menge der aufnahmesuchenden Frauenklöster und sei eher zur Ablehnung geneigt! Da helfe nur eine direkte Intervention des Papstes zugunsten der Schwestern. Einer solchen könne sich der Orden nicht widersetzen. Während des großen Konzils in Lyon hätten viele Frauen in ähnlicher Lage eine solche Hilfe vom Heiligen Vater erlangt, aber jetzt sei dieser wieder zurück in der Ewigen Stadt, und die sei leider weit. Ob man Rat wisse?

Der Bischof hatte es mit Erleichterung aufgenommen, daß bei den Dominikanern sogar ein Fürsprecher in Aussicht stand, und überließ dieses ganze Feld nun gerne den Schwestern. Da traf es sich gut, daß Herr Kuno von Mettenstein um ein erneutes Gespräch mit der Schwester Richenza bat. Er brachte ihre bewegliche Habe aus der Abtei mit, darunter ein Gebetbuch und einen wertvollen Ring. Das Buch nahm Richenza wie einen kostbaren Schatz an sich, doch den Ring bestimmte sie sofort zum Verkauf; denn während der Übergangszeit war das Wirtschaften eher noch schwieriger geworden als vorher. Denselben Weg war inzwischen auch schon Judiths Schmuckkästchen gegangen.

Herr Kuno richtete weiter aus, die Schenkung der Familie, die als Mitgift der entwichenen Novizin gelten müsse, wolle die Abtei nicht eigentlich zurückgeben. Aber sie sei bereit, dem künftigen Dominikanerinnen-Konvent nach dessen Aufnahme in den Orden einen großen, gut gehaltenen Bauernhof aus dieser Schenkung zur Nutzung gegen einen Zins von zwei Pfund Wachs jährlich zu überlassen. Außerdem, so teilte Herr Kuno mit, habe sich der Graf, wiewohl weiterhin über die Unbotmäßigkeit seiner Schwester betrübt, doch entschlossen, zur Wahrung ihres Ansehens das Nötige zu tun. Er werde dem Kloster – dessen Aufnahme in den von ihm hoch respektierten Predigerorden immer vorausgesetzt – ein ansehnliches Gut überschreiben, dessen Nießbrauch die Dame Richenza auf Lebenszeit behalten solle, während es nach ihrem Tode ganz dem Kloster zufallen werde.

«Nun – wenn das keine Wendung der Dinge ist!» sagte Judith überwältigt, als Richenza ihr diese Nachricht brachte.

Wichtiger aber war fast Herrn Kunos Bereitschaft, einen Brief an Richenzas zweiten Bruder, den Dominikaner, mitzunehmen und schleunigst nach Paris zu bestellen. In diesem Brief bat Richenza ihren Bruder um die angeforderte Vermittlung für das neue Kloster bei Papst Innozenz dem Vierten in Rom.

Zu dieser Zeit setzten die ersten Anmeldungen ein, als hätten in der Stadt viele nur darauf gewartet, ihren Töchtern und Schwestern eine angemessene Unterbringung zu sichern. Täglich fanden sich nun Besucher im Sprechzimmer ein; Herrn Anton Magerleins Partei konnte nicht mehr sehr groß sein.

Zu den ersten, die kamen, gehörten die Eltern von Georg Ermendinger, die Judith mit Bewegung wiedersah. Sie wollten dem Andenken ihres toten Sohnes eine Gebetsstiftung aussetzen und zugleich wollten sie ihre Tochter, Georgs Schwester, als Novizin anmelden. Die junge Almuth sah ihrem Bruder ähnlich, und einen flüchtigen Augenblick lang spürte Judith einen Schmerz aus einer lang vergangenen Zeit.

Am Abend saß sie über dem Haushaltsbuch und trug ein:

Item: Zehn Silberschillinge, zahlbar an Martini, für Gebete für den verstorbenen Georg Ermendinger. – Wie seltsam, daß auch Helwidis' treulich geübte Fürbitte sich mit einem Mal in einen Haushaltsposten umwandelte!

«Du wirst noch andere Bücher einrichten müssen», bemerkte Richenza, die ihr zusah. «Als erstes ein Novizenbuch. Denn wir sind ja die einzigen, die ohne ein Probejahr zwischen Einkleidung und Profeß zu Nonnen geweiht worden sind. Alle, die jetzt kommen, müssen sich ein Jahr lang prüfen, ob es ihnen ernst ist mit ihrer Berufung. Übrigens müssen sie auch unterrichtet werden – im Chorgebet, im Singen, in der Ordensregel, überhaupt im Lesen und Schreiben, und sie müssen ein wenig Latein lernen. Wir werden nicht lange ohne eine Novizenmeisterin auskommen.»

«Du wirst schon recht haben», sagte Judith; «was für Bücher meinst du noch?»

«Ein Besitzverzeichnis, man nennt es ein Urbar. Aber das hat wohl Zeit, bis wir alles, was uns zugesagt worden ist, auch wirklich besitzen.»

Doch das nächste Buch, das Judith einrichten mußte, war ein anderes: Die alte Frau Bertha starb unvermutet, und wenn sie auch vorerst noch auf dem Pfarrkirchhof bestattet wurde, so trug Judith doch ihren Namen nach dem der Frau Regula in das Totenbuch des neuen Klosters ein. Auf lateinisch; Katharina half wieder dabei. Sobald das Kloster geweiht war, würden beide unter den Platten des Kreuzgangs ihre letzte Ruhestätte finden; denn eine Klostergemeinschaft nahm ihre Toten mit.

Als Judith Herrn Johannes mitteilte, daß zwanzig Anmeldungen vorlägen, hob er die Hände.

«Mehr als vierzig können wir auch in dem umgebauten Haus vorläufig nicht unterbringen», sagte er; «und ich hoffe sehr, Ihr habt bei den Angemeldeten darauf geachtet, daß wirklich jede eine Mitgift einbringt, die ihren Lebensunterhalt im Hause sichert? Denn die laufenden Einnahmen aus dem Besitz werden auf absehbare Zeit in den Bau der Klosteranlage fließen müssen. Bedenkt, daß allein der Kirchenbau viel Geld verschlingen wird; vielleicht hätte ich Euch das früher ans Herz legen sollen.»

Judith mußte zugeben, daß sie sich vor allem von der Frage hatte leiten lassen, wer von den Neuen in das Haus paßte und wer nicht. «Aber es bekommt eine jede etwas mit», verteidigte sie sich; «und wir haben außer dem zugesagten Grundbesitz schon vier Gebetsstiftungen.»

«Es kann dennoch knapp werden», erklärte der eifrige alte Mann. «Und was den Grundbesitz betrifft – ich spüre, daß ich zu alt bin, um außer dem Bau auch noch auswärtigen Landbesitz zu betreuen. Es wäre gut, wenn wir für die eigentliche Wirtschaftsführung jemanden Jüngeren hätten. Könntet Ihr Euch darum kümmern? Der Prior der Dominikaner hat deutlich gemacht, daß hier seine Bereitwilligkeit endet, weil die Brüder damit überlastet wären. Er wird einmal im Jahr Eure Bücher prüfen lassen, aber die laufende Wirtschaft Eures Hauses kann nicht vom Konvent aus betreut werden.»

Judith ließ im Hause herumfragen, und wirklich klopfte bald darauf Brigitte, die Pförtnerin, an ihre Tür.

«Ich wollte Euch sagen», begann sie, «daß ich mit meinem Bruder gesprochen habe. Er hatte mich früher schon einmal gefragt, ob wir nicht auch Laienbrüder brauchen könnten; Männer, die sich dem Hause verpflichten und seine Arbeit tun. Frau Regula war damals dagegen, doch da war Herr Johannes ja auch noch rüstiger –»

«– und jetzt haben wir mehr zu verwalten», ergänzte Judith,

«und dürfen es noch weniger selbst tun als früher. Versteht sich dein Bruder auf die Wirtschaft?»

«Und wie!» sagte Brigitte stolz. «Einen besseren Hofmeister könntet Ihr nicht finden.»

Es war noch zu früh, um mit einem Verwalter eine rechtliche Bindung an den neuen Konvent abzuschließen; aber Wolfram, Brigittes Bruder, war sehr bereit, auch jetzt schon die Bewirtschaftung der auswärts gelegenen Güter als Hofmeister zu übernehmen und auch das Gütchen der Frau Regula wieder instandzusetzen. Ein gutes Kloster war für jeden eine sichere Existenzgrundlage.

Über all dem traf die Antwort aus Paris mit überraschender Schnelligkeit ein. Offenbar war dem Grafen inzwischen selber so sehr an der Aufnahme des Klosters in den Predigerorden gelegen, daß er Herrn Kuno Eilpost gestellt hatte; und vielleicht hatte er sogar darüber hinaus noch selbst etwas für die ehemaligen Spitalerinnen getan.

Der junge Dominikaner schrieb seiner Schwester, er sei bewegt und glücklich über ihren Schritt und werde alles tun, um Fürsprache für das von ihr gewählte Kloster einzulegen. Er hoffe auch, mit Hilfe seiner Freunde in Rom der neuen Priorin eine mögliche Reise zur Kurie zu ersparen.

Vor allem hierüber war man im Brüderkonvent erleichtert, und auch Judith war es zufrieden. Eine Reise nach Rom mochte zwar ihre Verlockungen haben, aber hier zu Hause war dringend zu tun.

Niemandem wäre es übrigens in den Sinn gekommen, an einer solchen Vermittlung durch Verwandte und einflußreiche Gönner Anstoß zu nehmen, im Gegenteil. Das Geflecht der Familienverbindungen war ein dichtes Netz, und es fing immer auch die schwarzen Schafe mit auf.

Nach einer weiteren Zeit kam ein guter Zwischenbescheid: Die Vermittlung in Rom war gelungen. Papst Innozenz hatte die Eingliederung des jungen Klosters in den Dominikanerorden im Einverständnis mit dessen Oberen verbrieft und besiegelt. Seine Bulle war unterwegs!

Die Frauen waren am Ziel. An diesem Tage wurde am Ende der Komplet das «Salve Regina», der Hymnus auf die Himmelskönigin, mit jubelnder Dankbarkeit gesungen. Er gehörte zum abendlichen Stundengebet, aber er konnte vor allem als ein eigener Hymnus der Dominikanerinnen gelten.

Und wirklich gab der Bischof an dem Tag, den Herr Johannes als das Ende des ersten Bauabschnitts angesetzt hatte, das Kloster aus seiner eigenen Gewalt in die des Predigerordens. Nur die Gerichtsbarkeit über den Konvent blieb ihm auch künftig. Er führte die Schwestern in einer feierlichen Prozession vom Haus in der oberen Torgasse in ihr neues Kloster an der Stadtmauer und weihte eine vorläufige Kapelle mit einem ersten, einem Allerheiligenaltar. Die Seelsorge in ihr übergab er den Brüdern des Dominikanerkonvents; dann überreichte er der Klostergemeinschaft die Urkunde des Papstes.

Diese verbriefte den Frauen die gleiche Stellung wie sie die männlichen Mitglieder des Ordens innehatten; sie sicherte ihnen aber, anders als diesen, das Recht auf eigenen Besitz zu und bestätigte das vorhandene Eigentum. Sie befreite das Haus ferner wie andere Klöster von Abgaben und Zehnten; und schließlich gewährte sie ihm die freie Wahl von Priorin und künftigen Schwestern.

Am nächsten Morgen fanden sich die Schwestern in dem großen Kapitelsaal im Erdgeschoß des neuen Konventsbaues zusammen. Es gab zwei Punkte auf der Tagesordnung dieser ersten Kapitelversammlung im eigenen Haus. Der erste war die Wahl der Priorin.

Judith hatte darüber vorher mit Richenza gesprochen. «Mach du weiter!» hatte sie verlangt. «Ohne dich wären wir heute nicht hier. Du verstehst dich auf den Umgang mit den Mächtigen der Welt.»

Doch Richenza schüttelte den Kopf. «Ich habe nur geholfen; und wenn ich hätte Äbtissin werden wollen, dann hätte ich bei den Benediktinerinnen bleiben können. Außerdem ist dies ein Stadtkloster, und aus dieser städtischen Welt kommst du, nicht ich.»

So gab es nach kurzer Beratung die einstimmige Wahl von Judith zur Priorin. Der zweite Punkt war die Annahme der neuen Regel.

Am nächsten Tage weihte der Bischof in einer feierlichen Zeremonie die erste Priorin des Konvents. «Wir werden in Zukunft manches miteinander zu tun haben», sagte er beim Abschied lächelnd zu ihr; «aber ich kann mir doch nicht vorstellen, daß jemals wieder ein Zusammentreffen so fruchtbar sein wird wie das erste!»

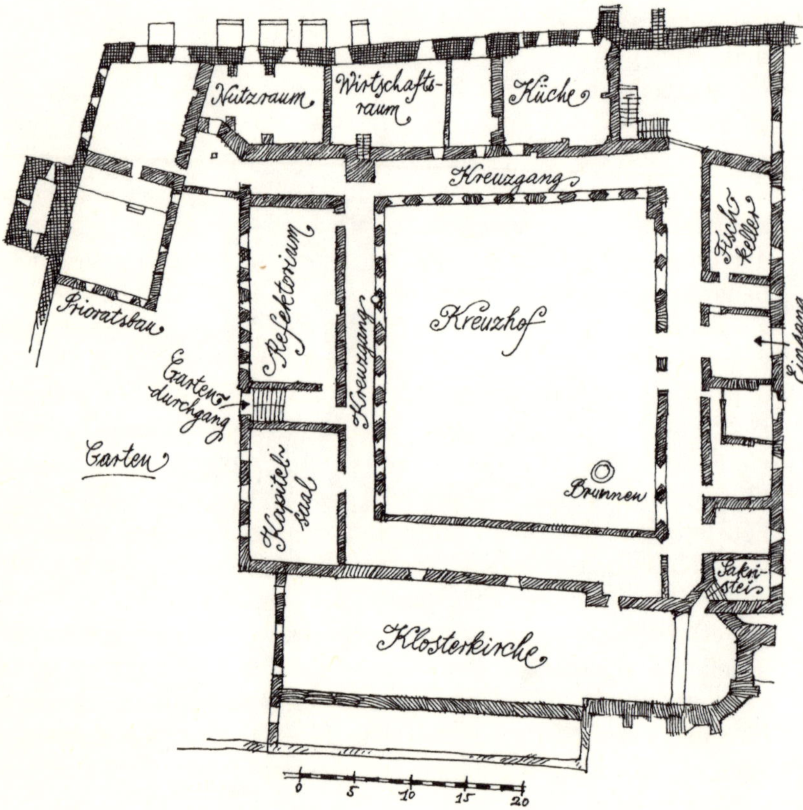
Nutzraum
Wirtschafts-
raum
Küche
Kreuzgang
Prioratsbau
Refektorium
Kreuzgang
Kreuzhof
Fisch-
keller
Eingang
Garten-
durchgang
Garten
Kapitel-
saal
Brunnen
Sakri-
stei
Klosterkirche
0
5
10
15
20

DAS KLOSTER

«Sie bauten einen Chor und einen Kapitelsaal...»

Herr Johannes hatte das Kunststück fertigbekommen, eine geschlossene Klosteranlage mit einer noch auf lange Zeit offenen Baustelle so zu vereinigen, daß die Gruppe der Schwestern ganz allmählich in ihr neues Gehäuse hineinwachsen und es sich gewissermaßen nach Maß zuschneiden konnte. Freilich sollte sich das als ein ganzes Lebenswerk erweisen, und nicht nur als ein einziges, sondern als das Lebenswerk aller Frauen der ersten Klostergeneration. Für Judith hörte die Arbeit an ihm bis zu ihrem Lebensende nicht auf, und als sie sie nach vielen Jahren des Priorats schließlich aus der Hand gab, wußte sie, daß auch ihre Nachfolgerinnen ein Lebenswerk vor sich hatten.

Beim Einzug waren die Bauarbeiten soweit abgeschlossen, daß sich die ganze Stattlichkeit des Gebäudekomplexes schon absehen ließ. Man konnte sich in allen vier Bauflügeln umsehen, die um einen geschlossenen Innenhof, einen Kreuzhof, gelagert waren. An ihren vier Innenseiten lief ein Kreuzgang entlang, ein breiter, einladender Flurgang mit Steinfußboden und flacher Decke; seine spitzbogigen Fensteröffnungen gaben durch ein schöngemeißeltes Steinmetzwerk den Blick auf den Kreuzhof frei und ließen sein Licht herein.

Der Charakter des Kreuzgangs, vor allem im West- und Südflügel, erinnerte ein wenig an eine Kirche: in ihm galt strenges Schweigegebot; dort in der Nähe von Kirche und Kapitelsaal war er ein Ort der Betrachtung und bisweilen auch des gemeinsamen Gebets. Im Eingangs- und Wirtschaftsbereich dagegen war der Kreuzgang auch ein Ort des geschäftigen Treibens und leiser, fröhlicher Verständigung. Hier stand fast immer jemand und kramte in den geräumigen Wandschränken, in denen alles verstaut werden konnte, was die Ordnung störte. Von den Ecken aus führten Treppen ins Obergeschoß; von den Kreuzgängen her öffneten sich die Türen zu den Räumen des Hauses. Es waren schöne Türen, die ein wenig an Kapellen- und Burgräume erinnerten. In der Mitte jedes Kreuzgangs führte ein steinernes Portal auf den grasbewachsenen Kreuzhof.

An der Südseite sollte der Kreuzgang zugleich einen Teil der emporwachsenden Klosterkirche bilden, die vorerst nur einen graden, rechteckigen Mauerabschluß nach Osten hin erhielt. Eine solche schlichte Chorführung war Sitte bei Dominikanern und Franziskanern, aber Herr Johannes plante für den nächsten größeren Schub von Wirtschaftseinnahmen doch einen schönen, vieleckigen Chor, und auch dessen Ausstattung mit weiteren Altären und ihrem Schmuck beschäftigte ihn sehr.

Den eigentlichen Wohn- und Schlafbereich der Nonnen, den sogenannten Konventsbau, nahm der langgestreckte Neubau des Westflügels ein. Er zog sich an der Stadtmauer hin, hoch über dem steil abfallenden Talhang, der hier eine natürliche Verteidigungslinie der Stadt bildete, und von seinen Fenstern aus bot sich ein weiter Blick auf Fluß und Tal. Dieser Neubau war in schöngegliederter Zweckmäßigkeit angelegt worden: Sein Erdgeschoß beherbergte den geräumigen Kapitelsaal und den Speisesaal, das Refektorium; zwischen beiden lief durch Steinportale ein Durchgang vom Kreuzhof zum Klostergarten, in dem sich freilich vorerst noch die Schafe und Ziegen der bisherigen Wirtschaftsanlage tummelten ...

Über diesen beiden Sälen lag der Schlaftrakt, das Dormitorium, zugleich der einzig persönliche Bereich, den eine Nonne hatte. Die vielen schmalen Zellen, die von seinem Mittelgang abgingen, waren durch einfache Holzwände voneinander getrennt. Zu diesem ganzen Teil des Klosters gab es keinen Zugang von der Außenwelt her; denn natürlich wurde auch der Klostergarten von der hohen Klostermauer umzogen, die den ganzen Komplex umschloß.

Seine eigentliche Kunst der Planung aber hatte Herr Johannes am Nordtrakt geübt, der sich über Eck an den Westflügel anschloß.

Hier hatte sein eigenes Haus gelegen, eigentlich seine beiden Häuser; denn das ältere von beiden, das auf uralten Fundamenten aufruhen mochte, war schon früher um einen Anbau erweitert worden. Zu einem Teil saß es buchstäblich auf der Stadtmauer auf, zu einem anderen war es um ein paar Stufen in die Erde versenkt und um ein Stockwerk erhöht worden. So war ein seltsam gestückelter Trakt entstanden, im Erdgeschoß durch eine halbe Kellerlage und durch die Anlehnung an die innere Stadtmauer verdüstert, im Obergeschoß weithin ins Land ragend. Er enthielt in eigenwilliger, verzwickter Mauerführung und unterschiedlicher Dach- und Fußbodenhöhe große und kleine Räume mit unzähligen Stufen, Treppen, Fensternischen und Winkeln. Dieser Nordflügel mit seinen Haushaltsräumen war gewissermaßen die Verbindung zur kleinen Außenwelt der Klosterwirtschaft, die durch eigene Eingänge vom äußeren Klosterhof hier hereinreichte.

Aber auch das strengste Kloster brauchte eine Nahtstelle zur großen Welt, und diese bildete der Osttrakt. Durch ihn war die Klausur vom Wirtschaftshof getrennt, und durch diesen wieder von der Stadt. Die Stadt begann gleich hinter dem Wirtschaftshof, den man im Unterschied zum Kreuzhof auch den Klosterhof nannte. Hier am Ostflügel blieb noch am meisten zu bauen, aber hier konnte man es auch; denn außer der zuverlässigen Brigitte wohnte hier keine Nonne.

Herr Johannes ließ es sich nicht nehmen, Judith am Tage vor dem Einzug voller Stolz vom ersten bis zum letzten Raum zu führen. «Laßt uns beim schönsten Raum des Klosters beginnen, oder doch mit meinem Lieblingsraum», sagte er und führte die Priorin zu der Ecke, an der bald der Bau des Chores an den Ostflügel anschließen sollte. «Nun, was sagt Ihr hierzu?»

Natürlich kannte Judith inzwischen den schönen kleinen Vorraum, in dem das steinerne Kreuzgewölbe in spitzen Bögen gleich über zwei Geschosse hinweg aufstrebte; aber sie tat dem alten Mann den Gefallen, sich noch einmal bewundernd umzusehen. «Wie schade, daß das nicht der eigentliche Vorraum der Klausur bleiben wird», sagte sie bedauernd; «aber Ihr habt andere Pläne, nicht wahr?»

Herr Johannes nickte. «Sobald der Chor des Kirchengebäudes hochgezogen ist, wird dies die Sakristei; und die Tür, durch die wir eben hereingekommen sind, wird dann den Geistlichen vorbehalten sein, die ja zur Kirche gelangen müssen, ohne die Klausur zu betreten. Aber weil der Raum auf diese Weise ja doch eine Art Zwischenraum zwischen Kirche und Kloster bleibt, dachte ich mir, daß gewisse alte Stifter, die draußen im Wirtschaftshof in einer kleinen Zelle ihre Altersrente verzehren, sich manchmal hier aufhalten könnten. Deshalb liegt mir an dem Raum, deshalb habe ich Mühe auf ihn gewandt und deshalb will ich noch mein Wappen hier anbringen lassen. Ich möchte gern etwas von der Schönheit des Gotteshauses haben.»

Und ehe Judith etwas erwidern konnte, fügte er mit verschmitztem Lächeln hinzu: «Wenn Ihr mich nicht an die Schwester Helwidis verratet, will ich Euch noch einen weiteren weltlichen Gedanken preisgeben. Kommt!»

Er führte sie in den Kreuzgang hinaus und blieb vor der Türöffnung des nächsten, noch leeren Raumes stehen. «Dies wird die Backstube, und wenn Ihr über die seltsame Nachbarschaft lacht, dann laßt Euch daran erinnern, daß es da, wo man backt, auch warm ist; von dem Kamin der Backstube, denke ich, wird ein wenig Wärme in die Sitzecke meiner alten Tage reichen.»

Judith wog zwei Gedanken gleichzeitig, doch sie sprach nur den ersten aus. «Wenn wir jemals – dank Eurer Güte – reich genug dazu sein sollten, dann wollen wir für diesen Raum die besten Handwerker der Stadt kommen lassen. Es wird sich noch manches zu seiner Verschönerung tun lassen – Steinmetzarbeit, Schnitzwerk, Bilder vielleicht –»

«Das erlebe ich nicht mehr», sagte der alte Mann, «aber wenn Ihr es zu meinem Andenken tun wollt, soll es mich freuen.»

Der Gedanke, den Judith nicht ausgesprochen hatte, war der an die Kälte im Westbau, vor allem im Dormitorium. Im Konventssaal und im Refektorium waren kleine, von außen beheizte Öfen eingebaut, aber deren Wärme würde nicht weit reichen. Richtige Kamine gab es nur in Küche und Backhaus, und beide mußten natürlich zum Wirtschaftshof hin liegen, wegen ihrer Versorgung mit Brennholz und Vorräten. Es würde jedenfalls darum gehen, alle Heizquellen des Klosters zu nutzen, auch wenn der Verzicht auf Wärme als verdienstvolle Askese galt. Die Klosterregeln kamen halt aus dem Süden, und da war es wärmer als hier!

Sie gingen weiter zum Vorraum der Pförtner- und Sprechstube. «Hier ist jemand, der sich über den Kamin der Backstube auch freut», sagte Herr Johannes fröhlich; «denn die Schwester Brigitte, oder wer sie gerade vertritt, muß sitzenbleiben und friert deshalb am leichtesten.»

Es war ein schmuckloser Raum, in dem Brigitte jetzt regierte, aber einer der wichtigsten des Hauses. Denn an der Pforte mußte jeder fragen, der etwas vom Kloster wollte, und entsprechend waren die Räume um diesen Eingang herum eingerichtet. Ein Portal im Kreuzhof führte jede Nonne, die gerufen wurde, über den Kreuzgang in den Vorraum und dann in die Sprechstube. Besuche durften jetzt nur noch durch ein vergittertes Fenster gesprochen werden, und das Sprechgitter im Pförtnerraum unterlag Brigittes Aufsicht. Diese allein führte auch die Schlüssel zur Tür in den Durchgang zum Wirtschaftshof für Besucher, die doch einmal in die Sprechstube eingelassen wurden oder für neue Novizinnen.

«Jetzt fangen die Wirtschaftsräume an», erklärte Herr Johannes, als sie die Pförtnerloge hinter sich ließen und am Haupteingang des Klosters vorbeigingen. «Hier rechts ist ein erster Vorratsraum, und er ist eigens auch als Fischkeller eingerichtet. Ihr habt ja bei dem Gut, das Euch der Graf nun überschreiben wird, einen eigenen Weiher, und in dem schwimmt Eure künftige Fastenspeise. Seht, hier ist der Behälter, in dem man die Fische aussetzen kann, bis man sie braucht.»

Auch sonst war der kühle Raum auf Vorratshaltung eingerichtet. Judith trat an das Fenster; es war nur zu einem Teil vergittert wie sonst alle Fenster dieses Trakts. «Und hier also werden sich unsere Essensgäste einfinden müssen», sagte sie; «es ist doch ein bißchen hart, daß wir sie nicht mehr im Hause selbst speisen dürfen!»

Doch ihr Begleiter schüttelte den Kopf. «Das wäre unvereinbar mit dem Klausurgebot», sagte er; «wer etwas vom Kloster erbittet, muß sich an dieses Fenster wenden oder auch an ein anderes, hinter dem eine Gabe bereitgehalten werden kann. Vorerst werdet Ihr hier ja eine ebenso vertrauenswürdige Schwester einsetzen können, wie Schwester Brigitte es ist; später müßte man über eine Vorrichtung nachdenken, die Speisen und Schüsseln bequemer heraus- und hereinschafft, über eine Drehlade, wie andere Frauenklöster sie haben. Aber eine einzige solche Klosterwinde wird auf die Dauer kaum reichen.»

Eine Drehlade war ein tonnenförmiges Gerät mit mehreren Einlegbrettern, das man mit Speisen beladen an einer Eisenwinde durch eine solche Öffnung im Fenstergitter oder im Mauerwerk von drinnen nach draußen drehen und mit den leeren Schüsseln wieder zurückziehen konnte, ohne daß einer der Bittsteller draußen die Schwester zu Gesicht bekam, die die Winde bediente.

«Das hat Zeit», sagte sie rasch. «Noch ist Frau Regula zu frisch im Gedächtnis der Leute, und noch sind wir ja halbe Spitalerinnen; wir müssen uns erst daran gewöhnen, daß wir unsere Gäste nicht mehr zu uns einlassen dürfen. Aber ich werde das Problem wohl im Kopf behalten müssen!»

Herr Johannes ging rasch zu einem anderen Thema über. «Sobald wir im Obergeschoß weiter sind», sagte er, «ziehen wir von außen, vom Wirtschaftshof her, eine Treppe hinauf. Ihr müßt ja mit Eurem Hofmeister, mit dem Klosterschulzen, die Abrechnungen durchgehen und die Wirtschaft besprechen, und ich denke, die Verwaltungsräume des Klosters richten wir hier oben im Ostflügel ein. Dorthin gelangt dann der Verwalter von außen und Ihr von innen. Aber kommt!»

Sie kamen nun in das Erdgeschoß des verzwickten Nordflügels, und als erstes in die Küche. Auch diese war auf ihre Weise ein höchst bemerkenswerter, ja ein überwältigender Raum; von einladender Geräumigkeit, dabei solide, fast wuchtig, sah sie schon jetzt nach einem künftigen Mittelpunkt des Hauses aus. Durch ein schönes Bogenfenster in einer Außenmauer von der Dicke eines ausgestreckten Armes fiel Licht herein – nicht viel zwar, denn hier ging es nach Norden –, und es fiel auf eine gewaltige, gemauerte Feuerstelle, auf den Küchenherd, der ein Viertel des ganzen Raumes einnahm. Sein mächtiger Kamin stieg, Wärme verheißend, neben dem Treppenhaus ins Obergeschoß. Ein Kessel hing gebrauchsfertig herab, eine

Wandnische enthielt Geschirr aus Holz und Ton. Ein Abfluß für den Spülstein und andere Abwässer lief durch die Mauer direkt ins Freie. Nun, für vierzig Personen, die Mägde nicht gezählt, war das alles gewiß nicht zuviel.

Die Mägde! Hier in der Küche hatte Judith zum ersten Mal vor einem neuen Problem des Hauses gestanden: Würde man in Zukunft noch ohne Mägde auskommen? Allein schon der riesige Herd brauchte ständige Bedienung, und das Wasser mußte vom Klosterbrunnen im Kreuzhof etwa auf der Höhe der Backstube herangeschleppt werden. Eine erste, erregte Diskussion über dieses Thema endete damit, daß Helwidis erklärte, lieber wolle sie Tag und Nacht Wasser und Holz tragen, als sich von einer Magd bedienen zu lassen! Und wirklich tat sie das seitdem. Aber das konnte nicht das letzte Wort in der Sache sein.

«Die Wirtschaftsräume hier links werdet Ihr Euch angesehen haben», sagte Herr Johannes, und Judith nickte. Es waren die einstigen Eßräume des alten königlichen Gutshofes, und sie sahen mit Holzdecke, Stützpfeilern und steinernen Fensterbögen allesamt so würdig aus, als böten sie sich eher als Studierzimmer denn als Haushaltsräume an.

Aber vielleicht waren sie gerade deshalb für eine Überraschung gut; denn eben jetzt drängten durch eine offene Tür am anderen Ende des Kreuzgangs zwei lustige Ziegen herein, gefolgt von mehreren Schafen, die blökend zur Wärme der Küche strebten.

«Raus mit euch!» Von draußen tauchte ein Knecht auf, schob die Schafe zurück, nahm eine der Ziegen beim Halsband und gab der anderen einen Klaps.

«Nichts für ungut, Frau Priorin, Herr Thurner!» sagte er, als er beide erblickte. «Die Viecher haben immer noch nicht begriffen, daß sie jetzt geistlich sind! Sie benehmen sich einfach so wie vorher!»

«Es geht ihnen ungefähr so wie mir», erwiderte Herr Johannes lachend; «aber das hilft nichts, ins Kloster dürfen sie ebensowenig wie ich; die Tür zum hinteren Garten muß zubleiben!»

«Dann wird schlecht wirtschaften sein!» erwiderte der Knecht und schob die letzte Ziege energisch hinaus. «Man hat ja nicht immer die Hände frei!»

«Dann brauchen wir etwas anderes. Einen Rost im Fußboden, über den sie mit ihren Hufen nicht kommen.»

Der Knecht wiegte den Kopf. «Und was ist, wenn sich die Nönnchen darin die Knöchel brechen?»

«Die Löcher müssen zu groß für Hufe und zu klein für Füße sein», entschied Herr Johannes. Judith lächelte dem Knecht zu, der so zutraulich von «Nönnchen» sprach. Auch er selber war jetzt «geistlich», denn natürlich hingen auch die arbeitenden Menschen an dem Besitz, der dem Kloster überschrieben wurde.

Sie stiegen nun auf der Treppe nach oben, auf eine große, leere Diele – und die war wirklich so warm, wie Judith gehofft hatte; denn die riesige Kaminhaube aus der Küche nahm eine ganze Ecke für sich ein.

Herr Johannes sah den Blick, mit dem Judith den leeren Vorplatz ausmaß und sagte rasch: «Hier bauen wir noch Zimmer ein; sie werden klein sein, aber Ihr könnt sie nach dem Wärmebedarf des Hauses nutzen. Aber auch dieser Raum», und er öffnete eine nächste Tür, die zu einem hübschen Saal quer durch das Obergeschoß führte, «bekommt noch etwas vom Kamin ab; notfalls lassen wir auch noch Öfen setzen.»

«O ja!» sagte Judith erleichtert und sprach ihren Gedanken von eben laut aus: «Frauen brauchen ein bißchen Wärme, ganz gleich, was die Ordensregel sagt, und auch ohne warmes Wasser geht es bei ihnen nicht ab. Hierher kann man jedenfalls warmes Wasser aus der Küche tragen und vielleicht sogar in den Schlaftrakt hinüber.»

«Es muß gar nicht alles getragen werden», erklärte Herr Johannes, den der Eifer gepackt hatte; «vielleicht kann man manches heraufziehen, Speisen zum Beispiel, mit einer Aufzugsvorrichtung!» Er zählte an den Fingern auf: «Öfen, Drehlade, Fußbodenrost, Aufzug für Speisen – laßt mich über alles noch nachdenken!» Im Gang draußen nahm er Judith beim Arm und führte sie eine Treppe in halber Geschoßhöhe hinab. «Wir kommen jetzt in meine eigenen früheren Räume», sagte er mit deutlichem Stolz, «und ich möchte sie Euch besonders ans Herz legen. Hier war mein Arbeitszimmer und hier links liegt der große Saal, in dem ich meine Gäste empfing. Auf ihn stößt jetzt von links her der neue Konventsbau – da, ich habe eine

Treppe legen lassen, damit die Schwestern aus dem Dormitorium direkt hierher gelangen können. Hier die Stiegen zum nächsten Geschoß, in dem sich auch noch manches ausbauen läßt, und hier» – sie waren nun ganz am Ende des Nordbaues angelangt –, «hier das letzte Zimmer des Hauses mit dem Blick von der Stadtmauer; denn über dieser stehen wir hier ganz buchstäblich; der Raum unter uns sitzt auf der Mauer auf. Ich habe diesen Blick ins Tal hinunter viele Jahre lang gehabt und ihn sehr geliebt. Nicht wahr, Ihr nehmt diese Räume als Prioratswohnung an?»

«Mit großer Freude!» sagte Judith spontan. Sie hatte das eigentlich nicht gewollt; sie hatte bei den Schwestern bleiben wollen, wenn auch in einer eigenen Zelle, damit niemand gestört wurde, wenn die Priorin nachts gebraucht wurde. Aber sie begriff, daß sie nicht Nein sagen durfte. Für den alten Mann lag ein Ehrenpunkt darin, auch einen persönlichen Beitrag zum Ansehen des Klosters zu leisten.

«Mit Freuden», wiederholte sie deswegen; «nur Euren großen Festsaal würde ich gern mit den Schwestern teilen, denn den kann ich alleine ja nicht ausfüllen!»

«Wer weiß?» fragte ihr Begleiter. «Wartet nur, bis der Konvent größer ist! Die Priorin wird immer wieder einmal einen Besuch empfangen müssen, den man nicht im Pförtnerzimmer abfertigen kann. Sie ist ja die Vertreterin des Klosters in der Welt. Und ein Kloster dieser Größe in einer Reichsstadt, täuscht Euch nicht, wird immer auch eine Größe im weltlichen Spiel sein, ob das der Schwester Helwidis lieb ist oder nicht. Wer weiß, ob meine Räume nicht noch einmal etwas von ihrem alten Glanz erleben werden!»

Ein flüchtiger Gedanke an ein längst vergessenes Leben und an Herrn Anton Magerlein schoß Judith durch den Kopf. Man mußte als Frau also nicht brav in einer Bürgerstube sitzen und den Ehegemahl zum Nachtessen erwarten!

Als letztes besichtigten sie den Konventsbau. Noch war dessen südlicher Abschluß nicht vollständig an das Kirchenschiff angeschlossen; aber in seinem Mittelgang waren doch schon ein Portal und neben ihm die Nische für das Öllämpchen markiert, das die Stufen zur Kirche beleuchten sollte; durch diese Tür konnten die Schwestern vom Schlaftrakt aus direkt auf die ihnen vorbehaltene

Westempore, die Nonnenempore, gelangen. Denn in gewisser Weise war die Klosterkirche, die von den Stadtleuten zum Gottesdienst besucht werden konnte, eine zweite Nahtstelle zur Welt. Deshalb hatten die Nonnen in ihr diesen eigenen, abgeschlossenen Ort, einen Chor mit eigenem Altar und eigenem Gestühl. Hier würden die Chorgebete gesprochen und gesungen werden.

Sie wandten sich zurück und stiegen ins Refektorium hinunter. An dessen Wänden zogen sich niedrige Holzbänke entlang, und vor diesen standen einfache, lange Tische. Die andere Seite der Tische blieb frei; so konnte das Essen leichter auf- und abgetragen werden, und jede Schwester hatte den Blick auf die Vorleserin frei; denn beim Essen galten in Zukunft nur entweder Schweigen oder Lesung. Auch hier im Refektorium hing, wie in jedem anderen Raum des Hauses, wie selbst in der Küche, ein Kruzifix, das von jeder Nonne beim Betreten des Raumes gegrüßt wurde.

Auch im Kapitelsaal, der in Proportionen, Schmuck und Ausgestaltung zwischen Schönheit und Strenge eine genaue Mitte hielt, gab es einen Stuhl, auf den sich alle Blicke der Schwestern richten mußten, während sie selbst auf einfachen Schemeln saßen oder sogar standen; einen schönen, holzgeschnitzten Sessel, den Sitz der Priorin.

«Das ist nun Euer Stuhl», sagte Herr Johannes denn auch; «von ihm geht in Zukunft alle Ordnung im Kloster aus.»

Er sah, daß sie plötzlich fröstelte. «Aber nicht nur die Ordnung», fügte er deshalb rasch hinzu; «der ganze Geist des Hauses geht von hier aus, und der ist bei Euch bisher in guten Händen gewesen. Laßt Euch deshalb Mut machen zu Eurer Aufgabe.» Er lächelte. «Wißt Ihr, welches Wort des heiligen Augustinus mir das liebste ist? ‹Teneo quia teneor›: ‹ich halte andere, weil ich gehalten werde›. Vielleicht wäre es für eine Priorin gar kein schlechtes Leitwort. Aber hiermit», und er wandte sich durch das Portal in den sonnenbeschienenen Kreuzhof, «hiermit ist mein letzter Gang durch dieses Haus zu Ende. Von nun an gilt hier Eure Regel.»

Judith begleitete ihn bis zur Pforte. Dann ging sie noch einmal in den Schlaftrakt zurück. Bei dessen Besichtigung hatte Herr Johannes vorhin gesagt: «Ihr werdet sehen müssen, wie Ihr ihn belegt. Je

näher an der Kirche, desto strenger die Aufsicht; erwägt das für die jungen Schwestern. Je näher am Wirtschaftstrakt, desto kürzer der Weg zu Wärme und Gesellschaft; bedenkt das für die alten und leidenden.»

Noch einmal maß Judith nun die schmucklosen Räume. Gewiß, es gab für das gemeinsame Leben die Aussicht auf die Räume im Nordbau drüben, es gab Gemeinsamkeit beim Essen und Beraten. Aber wenn es zum letzten kam, dann waren für die jungen wie für die alten Schwestern ein Bett unter dem Bild des Gekreuzigten, ein Schemel und ein Kleiderkasten alles, was ihren persönlichen Lebensbereich ausmachte. Das mußte auch für die Priorin gelten, ganz gleich, was sonst von ihr erwartet wurde. Und das Leben unter dem Kruzifix mußte sich jede Nonne selbst einrichten. Teneo quia teneor.

Eine strenge Ordnung

«Von nun an gilt hier Eure Regel!»

Sie war wirklich streng, diese Regel, aber das hatten ja alle gewollt, und darin waren sie sich einig gewesen. Die erste Generation eines geistlichen Hauses mußte stets die Grundlagen legen, auf die später in Zeiten von Anfechtungen und Krisen zurückgegriffen werden konnte. Sie mußte für künftige Schwestern ein Beispiel setzen.

Bei den Gebeten fing die strenge Ordnung an. Um drei Uhr nachts läutete jetzt die Klosterglocke zur Matutin, zur Mette, dem letzten Gebet der Nacht, und drei Stunden später, um sechs Uhr morgens, zur Prim, zum ersten Gebet des Tages und damit zu dessen Beginn. Der alte Hymnus «Iam orto lucis sidere» – «Schon leuchtet uns der Morgenstern» – verkündete dabei stets ganz wörtlich das erste Morgenlicht; denn die Prim war im Alltagsgebrauch an die Morgendämmerung gebunden, weil man nicht für zwei ganze Stundengebete in der noch finsteren Kirche die teuren Kerzen anzünden konnte und auch, weil die Laienschwestern und Mägde im Dunklen noch nicht mit der Hausarbeit anfangen konnten. Deshalb wanderte die Stunde des ersten Morgengebets bis Weihnachten immer weiter in den Tag hinein und danach wieder zurück; die Mette war entsprechend früher.

Die Glockenzeichen zu allen Chorgebeten – jeweils eines zur vorbereitenden Sammlung und eines zum wirklichen Beginn – kamen von einer Glocke vor der Pförtnerstube, wo Brigittes Stundenuhr, an den Kirchenglocken der Stadt ausgerichtet, ein Abzählen der Nachtstunden ermöglichte. In den Frühstunden wiederholte eine Glocke vor dem Dormitorium das Zeichen.

Zwischen Mette und Prim durften die Schwestern sich wieder hinlegen, und Judith machte für sich selber mit voller Absicht von dieser Erlaubnis Gebrauch. Denn wenn die Priorin den Chor nach dem Gebet nicht wieder verließ, dann tat es auch niemand anderes; der damit verbundene Mangel an Schlaf aber kostete Kräfte, die tagsüber gebraucht wurden. Aber es gab stets eine kleine Gruppe von Schwestern, die dennoch zwischen Mette und Prim in stillem Gebet im Chor verharrten; Helwidis und Magdalena waren regelmäßig dabei und oft auch Richenza.

Nach der Prim kam die Morgenmahlzeit auf den Tisch im Refektorium, meist eine einfache Suppe mit einem Brotfladen dazu. Mehr als eine rasch verzehrte Stärkung sollte sie auch nicht sein.

Die Zeit danach gehörte der Versammlung aller Schwestern im Kapitelsaal; sie mußte wenigstens einmal in der Woche stattfinden, aber jetzt am Anfang war fast täglich Anlaß für sie. In der Kapitelversammlung eines Klosters wurde jedesmal ein Kapitel der lateinischen Ordensregel vorgelesen und ausgelegt; daher kam ihr Name. Diese Lesung konnte statt von der Priorin auch von der Lese- oder Buchmeisterin vorgenommen werden, aber die Leitung des Kapitels selber oblag der Priorin.

Zuerst wurden alle Angelegenheiten mitgeteilt, die das Haus betrafen: Todesfälle, Neueintritte, Wechsel in der Person der Prediger, Briefe der Ordensoberen, aber auch bevorstehende Bauarbeiten, wirtschaftliche Veränderungen, Einteilung von Arbeiten und Aufgaben.

Aber das war nicht alles. Denn wenn Herr Johannes gemeint hatte, vom Stuhl der Priorin gingen die Ordnung und der Geist des Hauses aus, so hatte er deren Aufgaben bewußt ein wenig ins

Freundliche gewendet. Ebensogut hätte er sagen können, daß von ihm Disziplin und auch Strafe ausgingen. Es gab viele Verfehlungen, deren sich eine Nonne schuldig machen konnte, und manche von ihnen – wie das Zuspätkommen oder gar das Versäumen eines Stundengebets – waren nicht nur eine Unachtsamkeit, sondern ein Verstoß gegen eine geistliche Pflicht. Denn als ein «Officium», als eine Pflichtübung, galt das Chorgebet der geweihten Nonnen; darin waren sie den Priestern und allen Ordensbrüdern gleichgestellt.

Nicht ganz so schwer wog die Mißachtung des Schweigegebots beim Durchschreiten der Kreuzgänge, bei den Mahlzeiten und bei der Arbeit; aber eine Zurechtweisung und Warnung waren auch diese Verfehlungen wert und erst recht diejenigen, die auf fehlende Andacht beim Gebet, geringen Eifer zur Arbeit und liebloses Verhalten gegen andere schließen ließen.

Alle Verirrungen mußten vor das Kapitel gebracht und dort bereut und mit Strafe belegt werden; die Strafe bestand in leichten Fällen aus Stehen beim Mittagessen oder aus zusätzlichen Gebetsübungen: hundert Vaterunser etwa mußte eine säumige Schwester beten oder eine ganze Kette von Ave Maria zur Stetigung ihrer Gedanken. Die Strafe konnte aber auch zusätzliche Arbeit bedeuten oder in schwereren Fällen auch Schläge oder Haft. Schläge galten als erlaubtes Mittel zur Besserung, und nicht selten drängten sich Schuldige zur sofortigen Bestrafung vor dem Konvent, weil nichts das Schuldgefühl so rasch und befriedigend löste wie ein – vielleicht sogar selbstzugefügter – körperlicher Schmerz. Bei allen Strafen hatte die Priorin das letzte Wort. Seltene, schwere Fälle wurden mit den Ordensoberen beraten.

Er sah so einfach aus, dieser Kreislauf von Verfehlungen, Reue, Strafe und Besserung; aber manches Mal wünschte sich Judith, es gelte noch immer die einfache Besprechung der Tagesgeschäfte unter Gleichen und Gleichgesinnten und nicht die Einweisung ungeübter und argloser junger Schwestern in einen strengen geistlichen Pflichtenkreis. Und niemals, niemals, das begriff sie rasch, durfte im Kapitel ein Schatten des Zweifels auf die Autorität der Priorin fallen!

Um neun Uhr, zur Zeit des zweiten Chorgebets in der Tagespflicht, war Gottesdienst. Jeden Tag wurde die Messe gelesen; einmal in der Woche, eher seltener, wurde das Abendmahl gereicht. An der Messe nahmen auch die Laienschwestern teil, die sonst zu den Gebetszeiten an ihrem Arbeitsplatz blieben und statt des Chorgebets ein oder mehrere Vaterunser sprachen.

Nach dem Gottesdienst gingen alle Schwestern an die Arbeit, jede an ihrem Platz, und sie blieben dort bis zur Mittagsglocke. Vor Tisch versammelten sie sich im Kreuzgang vor dem Refektorium und sangen ein Gebet, am liebsten das «De profundis» – «Aus den Tiefen rufe ich» –, das mit den Worten des 129. Psalms der Verstorbenen, besonders der Wohltäter des Klosters gedachte. Schon damit war Herrn Johannes ein langes Angedenken sicher.

Das Mahl freilich war nach wie vor schlicht, ganz gleich, ob Geld in der Kasse war oder nicht. Denn selbst wenn welches vorhanden, so war es ja ungleich gottgefälliger, es in einem Kunstwerk zum Schmuck der Kirche und ihrer Altäre als in dem Wohlergehen der Nonnen anzulegen, die doch mit ihrer Enthaltsamkeit bei Tisch ein

weiteres wohlgefälliges Werk taten. Deshalb hatte die Tischlektüre auch häufig ein besinnliches Thema, das in diese Richtung wies: die vorgelesene Geschichte handelte dann etwa davon, wie der Verzicht eines Heiligen auf irdische Güter und Freuden ihn erst richtig für den Himmel vorbereitet und würdig gemacht hatte. Das gab jeder der fastenden Schwestern die Zuversicht, in der Nachfolge von heiligmäßig lebenden Menschen zu wandeln, ja vielleicht selbst ein solcher werden zu können.

Aber auch hier konnte des Guten zuviel getan werden. Mehr als einmal mußten Helwidis und später auch andere von Judith mit sanftem Druck ins Refektorium zurückgeführt und wenigstens zu einigen Bissen von einer Fisch- oder Eierspeise genötigt werden, weil sie sich wieder einmal außerhalb der eigentlichen Fastenzeit mit Brot und Wasser begnügt hatten. Gefastet – nämlich auf Fleisch und überhaupt auf unnötiges Essen verzichtet – wurde zur Erinnerung an den Kreuzigungstag jeden Freitag, dazu in der ganzen Passionszeit vor Ostern und an Teilen des Advent. Wer mehr tun wollte, konnte dazu auch noch mittwochs und an den Tagen vor und nach den Kirchenfesten auf alle unnötige Nahrung verzichten, und viele Schwestern aßen an den Tagen, an denen das Abendmahl gereicht wurde, so gut wie nichts, damit dieses geistige Erlebnis keine weltliche Beeinträchtigung erfuhr. Es war ihnen recht, daß das an ihren Kräften zehrte.

Nach Tisch kam ein kurzes Gebet in der Kirche und dann eine eigene Stunde der Entspannung im Kreise der ganzen Gemeinschaft. Bei schönem Wetter fand sie im Klostergarten – oder vielmehr vorerst in Gesellschaft der erstaunten Schafe und Ziegen statt, die noch im künftigen Klostergarten weideten. Als «schön» galt das Wetter im Kloster bis tief in den Winter und schon zeitig im Frühling; denn es war ja auch drinnen, in den Räumen mit dem Steinfußboden, nicht übermäßig warm. Eine spätere Legende erzählte davon, daß einmal der Erzähleifer einer alten Schwester ihre jungen Zuhörerinnen so gefesselt habe, daß schließlich beim Aufstehen deren Kleider an der Holzbank festgefroren waren; keine hatte auf die Kälte geachtet.

Wenn es wirklich regnete und stürmte, fand die Erholung im Refektorium statt, und manchmal führte Judith die Schwestern dann in den Nordtrakt, in den kleinen Saal, der noch die Kaminwärme einfing. Das war ein heimeliger Raum mit Sitzen in tief herabgezogenen Fensternischen und -stufen; er wurde wegen seines guten Lichts eigentlich für andere Arbeiten genutzt; aber es kam doch immer wieder einmal vor, daß sogar in ihm gegessen wurde. Während dieser Entspannungspause saßen und standen die Schwestern beisammen und unterhielten sich, aber niemals nur zu zweien oder dreien, sondern so weit wie möglich alle miteinander. Und jede mußte darauf achten, daß sie beim Erzählen nicht sich selbst oder ihre Arbeit in den Mittelpunkt stellte; denn das war Eitelkeit und konnte eine Rüge der Priorin nach sich ziehen.

Ein Glockenschlag gab das Zeichen zum Ende der Erholung und verhängte nach einem Gebet wieder das «Silentium», das Schweigen bei der Arbeit, über das Kloster. Es dauerte bis zur Vesperglocke um sechs Uhr nachmittags und wurde durch das Vespergebet und das Abendessen unterbrochen, das wiederum nur eine kleine Mahlzeit darstellte.

Je nach Licht und Jahreszeit konnte die Arbeit danach noch einmal aufgenommen und bis zur altvertrauten Komplet fortgeführt werden. Diese war wie die Prim an die Jahreszeit gebunden; nach ihrem Ende durfte weder gegessen noch getrunken, noch auch für eine nicht unbedingt nötige Arbeit Licht verbraucht oder geredet werden. Nur ernsthafte Gespräche und geistliche Besinnung durften die Zeit zwischen Komplet und Schlafengehen füllen; auch die Gewissenserforschung jeder einzelnen Schwester hatte hier ihren Platz, denn der nächste Morgen brachte ja die nächste Kapitelversammlung.

Zur Komplet waren ebenso wie zur Messe auch die Laienschwestern zugegen, damit die Gemeinschaft den Tag und seine Gebets- und Arbeitspflicht gemeinsam zum Abschluß bringen konnte. Sie war und blieb den Schwestern das schönste Chorgebet des Tages; denn nie ließ sich so unbeschwert singen wie an dessen Ende, wenn die Arbeit getan war und nichts mehr drängte.

«Eine ruhige Nacht und ein seliges Ende möge uns verleihen der allmächtige Herr», sang dann Richenza, der bald die Rolle der Vorsängerin zugefallen war, und der Konvent antwortete: «Amen; es geschehe!» Und weil es ja immer auch Schwestern gab, für die sich ein friedlicher Schlaf nicht von selber verstand, folgte die Verheißung des neunzigsten Psalms: «Mit seinen Schultern wird er dich decken; unter seinen Fittichen wirst du Hoffnung schöpfen ...» Den Schluß der Komplet bildete allabendlich das «Salve Regina», das Lob- und Danklied der Frauen. Für die, die das Klosterleben streng nahmen, hatte die Nacht im größten Teil des Jahres kaum mehr als sechs Stunden.

Freilich wurde diese Gebetspflicht in den einzelnen Frauenklöstern verschieden gehandhabt. Am strengsten schrieb ihre Regel sie den Chorfrauen der Kanonissenstifte vor, deren Arbeit ausschließlich in Gebet und Betrachtung bestand; für die Geschäfte der Welt gab es in ihren wohlhabenden Häusern helfende Hände. Dagegen begnügte sich mancher ärmere Frauenkonvent der Bettelorden auch mit einer weniger strengen Gebetspflicht und sprach nur das kleine Marien-Offizium. Es war weit kürzer als das große kanonische Chorgebet und ließ deshalb mehr Zeit für die zum Leben notwendige Arbeit und für Pflichten der Nächstenliebe. Zwischen diesen beiden Polen mußte sich jeder Frauenkonvent seinen Ort suchen und ihn auch bewahren; denn beide hatten ihre Gefährdungen.

Allen diesen Gebeten aber war gemeinsam, daß sie nicht, wie in Frau Regulas Zeit, einem Stundenbuch für Laien entnommen werden durften, sondern genau dem Brevier, dem verbindlichen Gebetbuch der Kirche, folgen mußten.

Neue Schwestern kommen

Von nun an gab es keinen Grund mehr, das Kommen der neuen Schwestern zu verschieben. Bald schloß Brigittes Tür sich in regelmäßigen Abständen hinter den Neuankömmlingen.

Als eine der ersten kam Almuth Ermendinger. Sie wurde von ihren Eltern bis zur Pforte begleitet, und im Sprechzimmer gab es einen bewegten Abschied. Die Eltern von Georg und Almuth waren nicht mehr jung; mit ihrer Tochter gaben sie ihre letzte Freude und die Hoffnung auf Enkelkinder hin.

Bei Almuth selbst gab es kein Zögern oder Zaudern. «Nicht weinen!» bat sie, als sie ihre Mutter zum Abschied küßte: «Ihr wißt doch, wie gern ich gehe, und daß ich hier für den Georg beten will. Und nicht wahr –», sie wandte sich an Judith, «meine Eltern dürfen mich doch hier besuchen und durch das Fenster dort mit mir reden, damit ich sie trösten kann?»

«Aber natürlich!» sagte Judith. Auf Brigitte war Verlaß; sie würde wissen, wann sie sich bei solchen Gesprächen besser in den Vorraum zurückzog.

Wie jede der neuen Schwestern, so nahm Judith auch Almuth mit sich in das Prioratszimmer und sprach mit ihr. «Ich wüßte gern, was dich zu uns getrieben hat, Almuth!» sagte sie freundlich. Das Mädchen war kaum sechzehn Jahre alt; sie mußte noch ein Jahr auf ihre Profeß, auf die Ablegung der Klostergelübde, warten, am besten sogar zwei Jahre. Denn ein solcher Schritt, das wußte sie nun, konnte von jeder, die ihn ohne die Zwischenstufe des Spitalerinnenhauses tat, gar nicht reiflich genug überlegt werden. Und die Priorin konnte gar nicht genau genug über die Beweggründe Bescheid wissen, die zu ihm geführt hatten.

«Es war so leer im Hause, seit der Georg nicht mehr wiedergekommen ist», erwiderte das Mädchen. «Ich habe mich manchmal beinah gefürchtet. Und als ich hörte, daß du zu den Spitalerinnen gegangen bist, wollte ich auch dorthin, denn der Georg hat oft von dir gesprochen. Du hast das auch ein bißchen seinetwegen getan, nicht wahr?»

Unwillkürlich nickte Judith, doch dann fügte sie rasch hinzu: «Aber das ist lange her. Und bei dir – deine Eltern wollten dich noch nicht gehen lassen?»

Almuth schüttelte den Kopf. «Ich sei noch zu jung, meinten sie. Ich würde darüber hinwegkommen, und wenn ich erst verheiratet wäre, würde ich auch wieder Spaß am Leben haben. Aber dann habe ich den Bruder Bertram gehört, den Prediger, als er auf dem Marktplatz sprach – du warst ja auch da an dem Abend! Er hat so schön von dem hochgebauten Tempel gesprochen, dessen Türen ins Himmelreich führen. Von dem Tempel habe ich oft geträumt und wollte in ihn hinein, aber jedesmal, wenn ich aufwachte, war er wieder fort! Und dann fingen die Leute an, dieses Kloster hier zu bauen, so hoch über der Stadtmauer; da wußte ich, daß ich von ihm geträumt hatte und wollte nun wirklich hinein. Einen solchen festen Wall um mich herum wollte ich haben, damit mich nichts mehr ablenkt und ängstigt. Schließlich haben die Eltern dann nachgegeben.»

«Weißt du, daß eine unserer Schwestern seit damals, seitdem der Georg sterben mußte, für seine Seele betet?» fragte Judith, seltsam angerührt. «Soll ich dich nachher mit ihr zusammenbringen?»

«O ja, bitte!» Almuths Gesicht hellte sich auf. Die Begegnung mit Helwidis sollte ihr prägender Eindruck im Kloster werden.

Da verlief der Empfang der nächsten Schwester ein wenig anders. Brigitte hätte gut einen fliegenden Boten brauchen können, so herrisch verlangte die Dame Irmgard nach der Priorin; denn sie wollte dieser von ihrem Bruder, der sie zur Pforte geleitet hatte, in gebührender Form übergeben werden.

Die künftige Schwester Irmgard gehörte einer alten, vornehmen Familie der Stadt an und hatte von deren Bedeutung eine hohe Meinung. Zum Unglück war sie dabei aber so säuerlich wie ein zur unrechten Zeit geernteter Apfel, und Judith nahm in der Abschiedsgeste des Bruders eine deutliche Erleichterung wahr. Möglicherweise würde sich die Verwandtschaft dieser neuen Schwester nicht am Sprechfenster drängen.

Mit wohlgefälliger Miene immerhin maß Irmgard das ansehnliche Gebäude, das nun ihre Heimstatt sein sollte. Dann fiel ihr Blick auf Helwidis, die an einem hölzernen Tragejoch zwei Wassereimer zur Küche trug. Als diese Judith mit der neuen Schwester bemerkte, setzte sie ihre Last für einen Augenblick ab und lächelte ihnen zu; dann ging sie weiter, mit dem schweren, gleichmäßigen Schritt der Lastenträgerin.

«Wer war die Magd», fragte Irmgard, sobald sie aus dem Kreuzgang heraus waren, «und warum hat sie uns so keck angeschaut?» «Das war die Schwester Helwidis», entgegnete Judith. «Eine Schwester? Und warum trägt sie dann Wasser? Ist sie eine Bauerntochter?»

«Wir tun alle unser Teil an der Arbeit im Kloster», erwiderte Judith; «ich werde mit dir noch darüber sprechen, wenn ich dir die Klosterregel erkläre. Du wirst ja wissen, daß sie uns zu Armut und Arbeit verpflichtet. Und die Schwester Helwidis kommt aus einer ritterlichen Familie.»

Vermutlich kannte Irmgard die Geschichte der Raubritter vom Krähenstein, so wie jedermann in der Stadt sie kannte, aber sie brauchte noch nicht gleich zu wissen, daß Helwidis dorther kam.

Ein wenig verschreckt übergab Irmgard der Priorin nun eine Liste der Gegenstände, die ihr von ihrer Familie zur Aussteuer bestimmt waren, zusätzlich zu der Überschreibung eines Weinberges und einer kleinen Geldrente. Es war die erste von vielen Listen dieser Art, die Judith zu sehen bekommen sollte, und noch nicht einmal die üppigste. Die Kaufherren der Stadt taten sich etwas darauf zugute, die geistlichen Bräute in ihrer Verwandtschaft nicht weniger reich auszustatten als die weltlichen, und sie machten das auch gern aktenkundig.

Anton Magerlein hatte nach Herrn Johannes' großmütigem Stiftungsakt alsbald die Segel gestrichen, und es gab jetzt keinen Grund mehr, das Interesse der Stadt an dem Frauenkloster zu verhehlen. Bei dem Eintritt von Irmgard, die keine Versorgung in einer Ehe gefunden hatte und nur deswegen kam, merkten Judith und die alten Gefährtinnen zum ersten Mal in aller Deutlichkeit, daß die Welt draußen ein Frauenkloster mit anderen Augen betrachtete als einen Männerkonvent. Mochten die Männer dort ihrer Berufung folgen – von den Frauen erwartete man auch im Kloster eine Hilfestellung bei den sozialen Problemen der Welt. Dafür war man zu der Großzügigkeit bereit, auf die sie angewiesen waren. Und die Priorin mußte halt zusehen, wie sie ihr Haus zwischen den Anforderungen der Ordensregel und denen der Welt durchsteuerte!

Irmgards Liste sah so aus:

Eine silberne Kanne
ein silberner Ring mit einem wertvollen Stein
ein silberner Löffel
ein gutes Messer
eine Bettflasche
ein Gießbecken mit Kanne

ein Bett mit Oberbett und Leintüchern
drei Kleider aus feinem Leinenstoff
ein warmes Kleid für den Winter
Stoff für zwei Mäntel, davon einer warm
Stoff für Gebende und Schleier
Strümpfe für Winter und Sommer
Unterröcke für Winter und Sommer
Stoff für Hemden, Handtücher und Tischtücher
Pelz für Kleider und Mieder.

Herr Johannes hatte Judith nochmals eingeschärft, daß sie bei jeder neuen Schwester auf einer angemessenen Aussteuer bestehen müsse, und es hatte deswegen nochmals eine kleine Meinungsverschiedenheit zwischen ihnen gegeben.

«Dann können ja nur reiche Frauen Nonnen werden», sagte Judith, «die Armen werden Mägde und die weniger Vermögenden nur Laienschwestern. Das war in Frau Regulas Haus anders, und dabei gehören wir jetzt sogar einem Orden an, der sich der Armut verschrieben hat!»

Herr Johannes hatte gelächelt. «Ihr habt ja den Bischof gehört», sagte er. «Auch die Bettelorden werden den Unterschied zwischen Arm und Reich nicht aufheben, und jedes Kloster ist halt immer auch ein Spiegelbild der Welt, und ein Frauenkloster allemal. Aber Ihr wißt ja, daß es bei Euch liegt, wie streng Ihr die Klosterregel anwendet; sie verpflichtet jede Nonne zu persönlicher Armut, darauf könnt und müßt Ihr bei jeder einzelnen bestehen. Mir muß es aber um den Besitz des Klosters im Ganzen gehen.»

Judith legte die Liste beiseite. «Du wirst noch sehen», sagte sie, «wie ernst wir das Ordensgebot der Armut nehmen. Für das Bett sind wir dankbar, aber zum Zudecken muß der Mantel genügen. In Kleidung und Wäsche richtest du dich nach den Gebräuchen des Hauses. Das Silber- und Zinngerät wird in Klosterbesitz übergehen. Mit welchem Ring du eines Tages dein Gelübde besiegeln willst, ist freilich dir überlassen.»

Dem Gesicht der künftigen Mitschwester war deutlich anzusehen, daß sie sich den Empfang ein wenig anders vorgestellt hatte. Judith vertraute sie daraufhin der alten Schwester Dörthe an, und

das war ein guter Griff. Der freundlichen alten Frau, die jeder in der Stadt seit langem kannte und die selbst aus einer städtischen Familie kam, ordnete sich Irmgard nach einigem Zögern unter.

Da war die nächste Schwester wieder etwas ganz anderes, und sie brachte etwas Neues ins Kloster; sie war die erste Laienschwester. Auch Lena kam aus Brigittes unerschöpflicher Verwandtschaft. Klein und ein wenig verwachsen, aber verschmitzt und vergnügt, stand sie eines Tages ganz zutraulich vor der Pforte und bat um Aufnahme. Sie hatte sich allein durchs Leben geschlagen, zuletzt als Verwalterin auf dem Lehnsgut eines Ritters, und kannte sich in der Wirtschaft aus. Jetzt war sie das selbständige Leben leid und wollte ins Kloster eintreten.

«Ich bringe Euch nur die wenigen Ersparnisse ein, die ich habe», sagte sie zu Judith, «aber ich will Euch das, was fehlt, durch meine Arbeit wieder hereinwirtschaften. Mehr als Laienschwester will ich nicht sein; ich mag nicht meine Zeit im Chor verbringen, wenn's draußen zu tun gibt. Es wird Euch gewiß nicht reuen, mich genommen zu haben.»

Und so war es dann auch! Lena war klug genug, Barbara das Regiment in Küche und Keller nicht streitig zu machen; sie nahm sich statt dessen der Güterlieferungen an, die nun von den Besitzungen des Klosters her eintrafen, prüfte ihre Qualität, meldete Mängel an und regelte ihre Lagerung. Sie ließ sich auch nicht davon abhalten, selbst auf dem Wirtschaftshof nach dem Rechten zu sehen. So streng wie für die Nonnen galt die Klausur für die arbeitenden Laienschwestern nicht.

So kam eine nach der anderen, Frauen aus der Stadt, aus den Nachbarstädten, von den Burgen, Dörfern, Bauernhöfen und Handwerksstätten der Umgebung, und wie Herr Johannes es vorausgesagt hatte, löste sich die Frage, ob volle Nonne oder Laienschwester, zumeist von selbst mit der Mitgift, ohne daß das jedesmal die Betroffenen groß gekümmert hätte.

Mit den neuen Schwestern kamen viele verschiedene Schicksale ins Haus. Da waren junge Mädchen, die eine unglückliche Liebe noch kaum verwunden hatten. Es gab aber auch Witwen, denen nach dem Mann auch die Kinder gestorben waren und die sich vor dem Alleinsein fürchteten. Es kamen zarte, ja kranke Frauen, denen man das Leben in der rauhen Welt draußen nicht zumuten oder deren Pflege niemand tragen wollte, und nicht jede von ihnen war lange gefragt worden, ob sie denn wirklich ins Kloster wollte.

Aber den meisten war es dennoch ernst mit ihrem Entschluß, und viele von ihnen brachten nützliche und hilfreiche Gaben mit. In Diemut und Hedwig bekam Katharina Helferinnen für die Schreib-

und Lesestube, die inzwischen in den Prioratsräumen eingerichtet worden war. Sie waren die Töchter eines angesehenen Goldschmieds der Stadt und hatten früher ihrem Vater bei seiner Arbeit geholfen. Seine Hinterlassenschaft hätte nach Herrn Johannes' Vorstellungen nicht für beide Töchter den Eintritt ins Kloster sichern können, aber diesmal setzte Judith sich durch und nahm beide mit dem auf, was sie eben einbringen konnten. Fortan zeichnete Diemut die kunstvollen Anfangsbuchstaben und die Rankenverzierung der Texte, die Katharina zum Abschreiben für den Kirchengebrauch oder für die wachsende Bibliothek bestimmte, während Hedwig sie mit sorgfältig aus Eiweiß und Emailstoffen gemischten Farben ausmalte. Manche der neuen Schwestern brachten sogar eigene Bücher mit, denn das Kloster, das wußte man ja, war ein Ort zum Lesen.

Andere kamen mit Leinwand, Nadeln und Knäueln aus Wolle und Seide zum Sticken, und sie waren hochwillkommen, denn es galt ja nun schon, die Altardecken und Chorgewänder für die Kirche zu sticken. Für diese Arbeiten mußte eine eigene Werkstube eingerichtet werden, in der auch die Schwestern sitzen konnten, die nur spannen oder webten. Einstweilen wurden der große Saal, auf den Herr Johannes so stolze Hoffnungen gesetzt hatte, sowie das obere Zimmer über der Stadtmauer, in das besonders gutes Licht fiel, für diese Arbeiten eingerichtet. Aber noch war ja nicht aller Bauarbeiten Abend.

Aber alle diese Künste verlangten Zeit – mehr Zeit, als die Frauen über ihrer Alltagsarbeit eigentlich hatten, und nicht nur das. Es setzte nun eine rasche Auffächerung der Schwestern nach ihrer Arbeit ein; denn zum Malen und Sticken brauchte man saubere, glatte Hände, die nicht vom Scheuern des Küchenbodens immer wieder aufsprangen und rissig wurden. Und jemanden, der mit einem schwierigen lateinischen Buch beschäftigt war, konnte man auch nicht auf jeder beliebigen Seite zum Feuermachen abrufen. Es reichte schon, daß die strenge Einhaltung des Chorgebets den Tag in kleine Zeitportionen unterteilte.

Judith hielt vorerst, so genau sie es konnte, an der gleichmäßigen Umlage der groben Arbeit fest. Aber sie sah mit Sorge den Spalt, der sich allmählich zwischen Helwidis, Magdalena, Gertrud, Barbara, Richenza und ihr selbst auf der einen Seite und den singenden, lesenden, schreibenden und malenden Schwestern auf der anderen auftat. Sie holte sich Rat bei dem Brüderkloster, und der Prior versicherte ihr, es sei das Schicksal aller Bettelorden, zwischen den gleichrangigen Geboten der Armut und des Studiums hin- und hergerissen zu werden. «Man muß bei jedem einzelnen Menschen fragen, wie er Gott am besten dienen kann», sagte der erfahrene Bruder; «und danach muß man jedem seine Arbeit zuweisen.»

Da war es gut, daß eine der letzten Frauen, die kamen, endlich und ganz nebenbei das Problem der Mägde löste. Frau Mechthild kam aus dem landsässigen Adel der Umgebung; ihr Mann war gestorben, ein Sohn ebenso, und ein zweiter war kürzlich in einem der vielen Scharmützel dieser kaiserlosen Zeit ums Leben gekommen. Eine Tochter war verheiratet, eine zweite, noch kleine, nahm sie mit.

Sie hätte mit dem Vermögen, das sie dem Kloster einbrachte, gut auch zu den Benediktinerinnen gehen können, aber als Judith ihr das fragend vorhielt, erwiderte sie lächelnd: «Die ärmsten Leute sind die besten, wißt Ihr das nicht? Wenn es anders wäre, wenn mir mein Reichtum den Seelenfrieden hätte bringen können, dann müßte ich ihn längst besitzen. Nein, ich will die Welt wirklich hinter mir lassen und arm sein, wie Christus es war. Ich habe Fragen, über die ich nachdenken und mit anderen Frauen sprechen möchte; ich möchte lesen lernen und gute Predigten hören und einen guten Beichtvater haben.»

Frau Mechthild brachte eine Magd mit. «Ich hätte sie irgendwo unterbringen können», erklärte sie, «aber sie wollte es nicht, und ich kann sie nicht unversorgt in der Welt zurücklassen. Sie wird willig im Kloster arbeiten, das hat sie gesagt; ich selbst brauche niemanden mehr.»

Das brach das Eis. Auch Helwidis und Richenza ließen es schweigend zu, daß noch weitere Mägde eingestellt wurden. Danach war die Arbeit zwischen Nonnen, Laienschwestern und Mägden leichter aufzuteilen.

Damit war wirklich eines der Gebote gefallen, die das Spitalerinnenhaus zusammengehalten hatten, die vollständige Gleichheit aller im Hause Lebenden. Es war seltsam, nun wieder eine Rangordnung zu haben, und doppelt seltsam nach der Aufnahme in einen Bettelorden. Aber es war so; die Kirche – und nicht nur jedes einzelne Kloster – war wirklich ein Spiegelbild der Welt.

Um dennoch die Grundlage der Klosterregel im Bewußtsein aller Schwestern zu festigen, ordnete Judith nach der Aufnahme der Mägde an, daß fortan täglich zwei der Nonnen in einem Korb Almosen einsammeln sollten. Sie durften dabei – das verstand sich nach der Ordensregel – nicht bettelnd durch die Straßen ziehen, sondern nur vor dem Klosterhof stehen und nehmen, was ihnen freiwillig gegeben wurde. Das war nicht wenig, denn das Kloster war in der Stadt rasch beliebt geworden, und die Leute nahmen gern die Gelegenheit wahr, sich mit einem kleinen Opfer die Fürbitte der Ordensfrauen zu sichern. Täglich kam ein Korb voller Brotreste und Käse- oder Fischbrocken herein, und Judith hielt ohne große Rücksicht auf Irmgards Gesicht darauf, daß sein Inhalt zu den Fastenmahlzeiten auf den Tisch kam und sonst in der Küche verwertet wurde. Zu trinken gab es Wein, der freilich meist so sehr mit Wasser verdünnt war, daß er kaum zu schmecken war. An Fastentagen wurde in der Küche meist nur Wasser mit Kümmel aufgekocht und dann zu Tisch getrunken.

Eines Tages kam Helwidis über und über rot vom Almosensammeln herein. Sie hatte mit Elsbeth zusammen vor dem Tor gestanden, als ein Ritter vorübergekommen war und Elsbeth gefragt hatte, ob sie denn im Kloster auch einmal Wein zu trinken bekämen. «Aber gewiß», hatte Elsbeth in ihrer Einfalt geantwortet; «jedesmal beim Abendmahl bekommen wir Brot und Wein.» Der Ritter hatte schallend gelacht und zu Helwidis' Verwirrung eine Stiftung für das Kloster in Aussicht gestellt.

Auch Judith war bei dieser Geschichte nicht wohl zumute, und als wirklich bald darauf eine große Sendung eintraf, sah sie zweifelnd das Weinfäßchen und die weißen Brotlaibe an. Aber es lagen auch Schmalz und Honig bei der Sendung, und so war der Scherz mit Brot und Wein wohl doch nicht lästerlich gemeint gewesen.

Lena verstaute die guten Gaben gleichmütig in Küche und Keller. «Wer wird so zimperlich sein!» sagte sie, als sie Judiths Betroffenheit bemerkte. «Es kann doch nicht immer nur mit dem Heiligen Geist zugehen!»

«Nicht immer», erwiderte Judith seufzend, «aber manchmal wünschte ich schon, ich hätte seine Eingebungen! Hätte ich Elsbeth nicht zum Brockensammeln schicken dürfen? Was soll der Ritter denn von uns denken!»

«Nichts Böses», erwiderte Lena beruhigend, «und wenn Ihr die Schwester Elsbeth nicht geschickt hättet, dann hätten wir jetzt das Fäßchen nicht.»

Sie sah die Priorin prüfend an. «Ihr seid überarbeitet», sagte sie dann, «und kein Wunder!». Sie überlegte einen Augenblick und fuhr dann fort: «Wißt Ihr, so ein Kloster ist wie ein Schiff: Es braucht als erstes einen guten Steuermann; aber so, wie ein richtiger Steuermann nur seine Befehle an die Leute gibt, die an Ruder und Masten ihre Arbeit tun, so müßt auch Ihr Euch unter den Schwestern solche suchen, denen Ihr Eure Weisungen geben könnt, damit jede an ihrem Platz tut, was Ihr für gut befindet, so wie geschrieben steht: ‹Ein kluger Knecht gefällt dem König›. Seht zu, daß Ihr verständig mit Euren Kräften und mit denen der Schwestern umgeht und das Haus weise ordnet, denn es steht auch geschrieben: ‹Durch Weisheit wird ein Haus erbaut und durch Verstand erhalten›. Gebraucht also Euren Verstand und schont Eure Kräfte, so werdet auch Ihr sagen können, ‹daß ich wohl versorge, die mich lieben und ihre Schätze vollmache› ».

«Nun», sagte Judith, nachdem sie sich von ihrer Verblüffung erholt hatte, «da sage noch einer, die Heilige Schrift sei nichts für uns Frauen. Aber wahrhaftig – hatte ich nicht um Eingebungen des Heiligen Geistes gebeten? Du hast recht, Lena!»

Chordienst, Bücher, Armenpflege

Vielleicht war die Quelle für Lenas erstaunliche Bibelfestigkeit nicht nur der Heilige Geist, sondern auch eine frühere Verbindung mit freien religiösen Gruppen, in denen man sich nach Laienart gegenseitig die Bibel auslegte und dabei auch die Frauen einbezog. Die Kirche sah das nicht gerne, denn von dort aus war es nicht mehr weit zur Ketzerei. Aber Lena war es durchaus zuzutrauen, daß hinter ihrem Beharren auf dem Laienstand ein Rest von Mißtrauen gegen die Autorität der Kirche steckte. Doch wenn dem so war, dann lag diese Zeit in Lenas Leben lange zurück; denn der Rat, den sie Judith eben gegeben hatte, lief auf die Schaffung von Klosterämtern und damit auf weitere Ungleichheiten, ja auf eine Hierarchie im Kloster hinaus.

Judith besprach sich mit Richenza und bekam von ihr eine ähnliche Antwort wie von dem alten Stifter und von dem Prior. «Es kommt bei allem, was du tust, darauf an, in welchem Geiste du es tust», erklärte sie. «Natürlich kann man ein Haus auch dann in apostolischer Armut und Demut führen, wenn es in ihm Unterschiede in Verantwortung und Ansehen gibt. Es ist dann nur schwieriger; denn natürlich verlangt ein Amt Respekt vor seiner Inhaberin. Aber du mußt auch bedenken, daß die Arbeit bei uns in Zukunft ja nur noch den Gebetsdienst stützen soll; sie ist deshalb nicht mehr so wichtig wie vorher. Sie muß nur richtig geordnet sein, damit niemand müßig geht. Das hat der heilige Benedikt auch mit seiner Forderung ‹Bete und arbeite!› gemeint. Richte du ruhig deine Ämter ein, und wir anderen wollen uns Mühe geben, sie im rechten Geiste auszuüben.»

So trug Judith im nächsten Kapitel den Plan vor, die Arbeit im Hause einzelnen Schwestern in eigener Verantwortung zu übertragen und die übrigen diesen Arbeitsbereichen zuzuordnen. Die Besetzung und auch der Entzug von Ämtern war in jedem Kloster die Aufgabe des Leiters oder der Leiterin; wem ein Amt oder eine Aufgabe übertragen wurde, der war nach dem Gehorsamsgelübde zur Annahme verpflichtet; auch die Enthebung von einem Amt mußte widerspruchslos hingenommen werden. Judith war dankbar, daß jetzt am Anfang die Entscheidungen weitgehend vorgegeben waren.

Als erstes wurden die Ämter besetzt, die geistlicher Natur waren. Das war einmal die Pflege des Chorgebets und zum anderen die Wahrnehmung der Fürbittepflichten. Die erste übertrug Judith an Richenza, die zweite an Helwidis.

Auch Richenza hatte die zurückliegende Zeit nicht ungenutzt verstreichen lassen. Sie hatte sich ebenso wie Katharina mit den Brüdern des Konvents beraten und war dann darangegangen, ihr Gebet- und Singbuch aus der Abtei in Auszügen für den Chordienst im neuen Hause abzuschreiben; im Scriptorium, der Schreibstube, wurde eigens ein Platz für sie freigehalten. Jeder Orden handhabte Liturgie und Brevier ein wenig unterschiedlich; aber die Brüder des Konvents hatten der einstigen Benediktinerin Mut gemacht, ihre Kenntnisse in den neuen Frauenkonvent einzubringen, und so lehrte Richenza nun das Chorgebet nach den Texten, die sie besaß. Aber das war keine leichte Arbeit; denn der Chordienst, ganz gleich in welcher Form man ihn übte, war ein Kunstwerk.

«Ihr habt Euch mit einer Benediktinerin etwas Schönes aufgehalst!» sagte Richenza denn auch reuig, wenn sie die anderen wieder einmal zum Üben drängte. Doch diese folgten ihr willig. Denn es stimmte: Das Gebet war die große Stärke der Benediktiner, und die geistliche Kraft dieses alten Ordens speiste sich nicht zuletzt aus dem Frieden, der aus seinem Gebet erwuchs. Das spürten alle; niemand entzog sich deshalb Richenzas Eifer.

Das Chorgebet bestand aus einer Verknüpfung von vielen liturgischen Formen: aus Lesen und Sprechen, Verneigen, Knien, Stehen und Sitzen; vor allem aber aus dem Gesang des Chores in kunstvoller Verschränkung von Strophen und Gegenstrophen unter dem Vorgesang der Singmeisterin, der Kantorissa. Es mußte gründlich geübt werden; denn jeder einzelne seiner Teile, jeder Hymnus, jeder Psalmenvers, jede Bibelrezitation mußte im fremden Latein an der richtigen Stelle ohne Anstoß und in der richtigen Haltung gesungen oder gesprochen werden. Texte und Bewegungen mußten deshalb von den Sängerinnen auswendig gelernt, Einsätze und Tonlage geprobt werden, und das nicht nur in einer einzigen Fassung, sondern in Abwandlungen, je nachdem ob der Text gesprochen oder gesungen wurde, ob er im kleinen oder großen Stundengebet oder in der Messe vorkam. Es spielte eine Rolle, an welchem Tag des Kirchenjahres das Gebet dargebracht wurde; denn jedes Kirchenfest, jeder Festtag im Marienzyklus, jeder Tag eines besonders verehrten Heiligen hatte seine liturgischen Besonderheiten; und alles mußte eingeübt werden.

Zu Ostern erklang nun im Chor die schöne Sequenz «Victimae paschali laudes» – «Christen, weiht dem Osteropfer» – und zu Pfingsten das mächtige «Veni, creator spiritus» – «Komm, Schöpfer Geist». Der ambrosianische Lobgesang «Te Deum laudamus» – «Dich, Gott, loben wir» – wie auch das schwere «Dies irae» aus der Totenmesse hatten bald ihren Platz im Kirchengesang. Wenigstens vier bis fünf Stunden am Tage nahm das Chorgebet nun in Anspruch.

Richenza prüfte alle neu Eintretenden auf ihre Stimmen und war dabei nicht zimperlich. Wer nicht gut genug singen konnte, der fand sich unversehens in den Pförtnerdienst versetzt, in dem Brigitte ja auch manchmal freigestellt werden mußte. Die Pförtnerin sollte zwar möglichst eine volle Nonne sein, war aber vom Chordienst weitgehend befreit, damit die Pforte nicht unbewacht blieb, und Richenza fand, da sei gute Verwendung für Brummstimmen aller Art. Es dauerte eine Weile, bis Judith diesen Zusammenhang durchschaute und Richenza zur Rede stellte. «Wer hat denn gesagt, es komme auf den Geist an, in dem ein Amt ausgeübt werde?» fragte sie vorwurfsvoll. «Bei aller Liebe zum Chor, Richenza – aber die Pforte ist eines der wichtigsten Ämter, die wir haben. Wenn jemand von sich aus tauschen möchte, dann meinetwegen; aber eigentlich darf die Pförtnerstube nur mit Schwestern besetzt werden, die wirklich für sie geeignet sind!»

Beschämt gab Richenza ihr recht; aber ihren Eifer dämpfte das nicht. Es dauerte wochen-, ja monatelang, bis sie jemandem zum ersten Mal einen selbständigen Part im Chor übergab. Solange saßen die Neuen am unteren Ende der Sitzordnung in den Bänken des Chors, nach dem Zeitpunkt ihres Eintritts in den Konvent aufgereiht; ganz vorn waren die Plätze der Älteren und der Amtsinhaberinnen. Diese strenge Sitzordnung nach Rang und Eintrittsalter mußte nach der Regel auch im Kapitel und im Refektorium eingehalten werden.

Aber Richenza war dafür auch Judiths Stellvertreterin! Denn das einzige Amt, das diese nicht selbst besetzt, sondern dem Kapitel zur Wahl gestellt hatte, war eben das der Subpriorin, die die Priorin gleichberechtigt vertrat. Die Wahl war mit großer Mehrheit auf Richenza gefallen, und diese hatte das Amt zu Judiths Erleichterung willig angenommen.

Von ganz anderer Art war der geistliche Bereich, der Helwidis anvertraut wurde. Denn während das Chorgebet festgelegten Formen folgte und der ganzen Kirche gemein war, richtete sich die tägliche Fürbitte nach den Gebetsverpflichtungen jedes einzelnen Klosters. Judith übergab Helwidis das kleine Buch, in dem diese Pflichten in so krauser Vermischung mit den dazugehörigen Geldzahlungen eingetragen waren. Eigentlich hatte sie beides trennen und die Silberschillinge in das große Besitzverzeichnis des Klosters eintragen wollen; aber dann besann sie sich anders. Wenn Frauen keine andere Gegenleistung für Schenkungen erbringen konnten, als daß sie für den Schenker beteten, dann gehörten die Gebete und die Silberschillinge zusammen und sollten auch zusammen bleiben.

Die Verwaltung dieser Fürbitte-Aufträge war Vertrauenssache; denn wie sollte ein Spender, der vielleicht inzwischen gar nicht mehr am Leben war, überwachen können, ob wirklich alles getan wurde, um seinen Aufenthalt im Fegefeuer abzukürzen? Schließlich hatte er sich zu seinen Lebzeiten von seinem Geld und Gut getrennt und mußte sich nun darauf verlassen können, daß die Nonnen auch wirklich an ihn dachten und sich's nicht einfach von seiner Schenkung wohl sein ließen!

Außerdem mußte sehr genau darauf geachtet werden, wer welche Gebetsdienste beanspruchen konnte, damit nicht etwa jemand, der nur zwei Silberschillinge gestiftet hatte, ein ebenso langes und feierliches Gedenken bekam wie jemand, der zehn gegeben hatte. In einer Kaufmannsstadt rechnete man genau und erwartete eigentlich vom lieben Gott, daß er das auch tat. So paßte zum Beispiel Irmgard gut auf, daß die Eintragungen in Helwidis' Buch eingehalten wurden, und hin und wieder wußte sie von schlimmen Traumgesichten zu berichten, in denen ihr jemand erschienen war und sich über Vernachlässigung im Gebet beklagt hatte.

Aber Traumgesichte hatten auch andere. Eines Tages erklärte Gertrud, ihr sei ein Mann aus dem Orient, aus Ninive, erschienen und habe ihr dankbar mitgeteilt, er sei durch die eifrigen Gebete gerade dieser Nonnen dem ewigen Heil ein gutes Stück nähergerückt. Gertrud war sehr erfreut über diese Erscheinung; denn sie hatte nach Erfüllung der vorgeschriebenen Pflichten einfach ein bißchen quer zu Helwidis' Büchlein weitergebetet. Das gab sie bereitwillig zu, als Elsbeth erstaunt fragte: «Aber hatte denn der Mann aus Ninive vorher eine Stiftung gemacht?»

Irmgard war über die Geschichte sehr verdrossen. Zwar war an dem Mann aus Ninive nicht zu zweifeln; aber es gehörte sich nicht, daß der sich einfach zwischen ehrbare Ratsherren und Kaufleute der Stadt drängelte.

Helwidis aber freute sich insgeheim und ermutigte Gertrud, ruhig weiterhin zu beten, für wen sie wolle, nachdem die Pflicht des Tages erfüllt war. Sie selbst erlegte sich in dieser Pflicht keine Schonung auf und lag auch zwischen den Stundengebeten im Chor auf den Knien, um nicht nur den Verpflichtungen des Büchleins, sondern vor allem denen ihres eigenen Herzens nachzukommen. Magdalena und Almuth eiferten ihr nach, und keine von ihnen ließ sich ernsthaft zur Rechenschaft über ein Zuviel an Fürbitte ziehen.

Das nächste war, wie Richenza es vorhergesagt hatte, die Sorge für die Novizinnen. Es gab inzwischen außer Almuth noch eine ganze Reihe junger Mädchen im Kloster; die jüngste von ihnen, die Tochter der Frau Mechthild, war noch keine zehn Jahre alt. Später sollte das Eintrittsalter vereinzelt sogar auf sieben Jahre sinken; aber es gab unter diesen Kindern dann auch solche, die im Kloster nur ihre Erziehung erhielten, um später in der Welt verheiratet zu werden.

Die Novizinnen lernten nun lesen und schreiben und dazu soviel Latein, daß sie dem Gottesdienst folgen und die Chorgebete, in denen Richenza sie unterwies, verstehen und auswendig lernen konnten. Wer gerne weiterlernen wollte, wurde von Katharina, der das Amt der Novizenmeisterin zufiel, mit Vergnügen zum Unterricht angenommen. Außerdem gab es Unterweisungen in der Ordensregel und den Statuten des eigenen Klosters und natürlich in der Religionslehre ganz allgemein. Das war nicht für jede ein leichtes Brot, und manches kleine Mädchen fiel beim Buchstabieren lateinischer Bibeltexte in schiere Verzweiflung. Da war es gut, daß auch hierbei ein inniges Gebet ein Wunder bewirken konnte. So erschien in einer besonders schwierigen Lage der Evangelist Johannes persönlich und erklärte die Textlesung zu seinem Festtag aus einem Buch mit goldenen Buchstaben so licht und verständlich, daß das Kind, dem diese Erscheinung zuteil wurde, sie sein Leben lang auswendig behielt.

Außerdem fiel Katharina nun auch endgültig das Amt der Lese- und Buchmeisterin zu. Die Schreibstube hatte schon bald nach dem Einzug von Hedwig und Diemut weitere Verstärkung bekommen: Auch Alheit, eine junge Frau aus der Stadt, konnte beim Eintritt in das Kloster schon lesen und schreiben. Sie ließ sich von Richenza auch im Notenschreiben unterweisen und übernahm zu deren Entlastung das Abschreiben der Chorbücher. Ihre eigentliche Neigung aber richtete sich auf etwas anderes: Sie würde, so vertraute sie Katharina an, gern einmal etwas Eigenes schreiben – nichts großes Theologisches, sondern eher Geschichten und Betrachtungen. Katharina übertrug ihr daraufhin die Aufgabe, alle großen und kleinen Geschehnisse des Klosteralltags aufzuzeichnen, und so fanden die Geschichten von dem Mann aus Ninive und von dem hilfsbereiten Evangelisten und später noch viele andere ihren Weg in ein erstes kleines Nonnenbüchlein. Allen diesen wunderbaren Erscheinungen, die Alheit nun aufzeichnete, war gemeinsam, daß sie meist dann eintrafen, wenn man sich vorher im Gebet sehr intensiv in ihr Umfeld versenkt hatte, und daß sie immer die Züge von Bildern trugen, die man im Kloster vorher oft gesehen hatte.

In dem einstigen Festsaal, den niemand einen Werkraum zu nennen wagte, wurde weiterhin von den Schwestern, die sich darauf verstanden, gesponnen, gewebt, genäht und gestickt. Die Aufsicht darüber führte Gisela, die früher im Spital die Wäschekammer betreut hatte und nun froh war, ihre Erfahrungen hier nützlich anwenden zu können.

Über all dem hatte es in der Speisung der Armen und Bedürftigen, dem Schwerpunkt des einstigen Spitalerinnenhauses, auch während der ärgsten finanziellen Engpässe der Anfangszeit keine Unterbrechung gegeben. Allen fehlten freilich das mittägliche Gedränge um den großen Suppenkessel auf der Diele und die Unterhal-

tungen dabei. Was war früher nicht durch die Essensgäste an Geschichten und Nachrichten aus der Stadt ins Haus gekommen! Der Verkehr mit den Bittstellern von draußen lief nun also über die Pforte und über die Fenster des Vorratsraumes und bald auch der Küche, und er gehörte zum Amt der Armenpflegerin. Es wurde zwischen Dörthe und Mechthild geteilt, denn beide hatten reiche Erfahrung in der Sache; die eine vom Haus in der oberen Torgasse her, die andere aus den Pflichten ihres früheren Lebens. Sie regelten die Speisungen mit der Küche und mit Lena als dem Bindeglied zu Wolfram draußen im Wirtschaftshof und nahmen selbst die Verteilung des Essens vor. Ein paar freundliche Worte und eine persönliche Frage schienen ihnen dabei allemal erlaubt.

Wolfram schlug, wenn auch nicht ohne einen zweifelnden Blick auf die ärmliche Schar, die da in seinen Wirtschaftshof drängte, eine einfache hölzerne Bank auf. Erst später, als nicht mehr die ruhige Autorität der beiden erfahrenen Frauen für die Einhaltung der Klausurgebote bürgte, kam die von Herrn Johannes angekündigte Zeit der Drehladen; aber Judith war froh, daß sie das Amt der «Raderin», die niedergeschlagenen Blicks und mit wenigen, halblauten Worten die Drehlade bediente, vorerst noch nicht zu besetzen brauchte.

Ohne Meisterinnen geht es nicht

Mit der Regelung der Armenpflege stand nun endlich auch ein anderes Problem an oder vielmehr: ein anderer Mensch. Judith konnte nicht länger die Augen davor verschließen, daß es eine unter den Schwestern gab, die ihren Platz im Kloster noch nicht gefunden hatte, und das war Ursula. Das konnte nicht so bleiben; Ursula mußte ebenso wie die anderen eine Aufgabe bekommen, und sie lag nahe genug: es mußte im Kloster ein Spital, mindestens ein wirklicher Spitalraum eingerichtet werden.

Das war einfach und schwierig zugleich. Es war einfach, weil inzwischen ohnehin eine der größeren Zellen im Dormitoriumstrakt zum Krankenzimmer für alle diejenigen eingerichtet worden war, die für längere oder kürzere Zeit betreut werden mußten. Nach ihnen hatte Ursula auch regelmäßig gesehen; aber verglichen mit der Arbeit im Spital stellte das mehr eine schwesterliche Pflichtübung als ein volles Arbeitsfeld dar. Doch das war nicht die einzige Schwierigkeit.

Ein Spital unterschied sich von einem Kloster auch darin, daß man in ihm die Pflege und Erhaltung des menschlichen Lebens erstrebte, während ihre strenge Klosterregel den Nonnen jede unnötige Beschäftigung mit ihrem leiblichen Ergehen verbot. Der Körper war nach den Lehren der Kirche ja nur das hinfällige Gehäuse, das die Seele des Menschen auf ihrem Weg zum wirklichen, dem ewigen Leben beherbergte; durfte man da große Mühe an ihn wenden?

Es war innerhalb der Klosterordnung jeder einzelnen Nonne überlassen, wie sie es zum Beispiel mit dem täglichen Waschen halten wollte, für das Irmgard und inzwischen auch andere ja eigens Schüssel und Kanne mitgebracht hatten. Das Wasser mußte vom Brunnen im Kreuzhof geholt werden; es war sommers und winters kalt. Nach dem Gebrauch wurde es durch Rinnen und Abflußöffnungen in den Erkern am Ende des Schlaftrakts und an der Nordwestecke, die auch als Aborte dienten, ins Freie geschüttet; es lief durch geschlossene Schächte in einen Bach, der draußen vorbeifloß und alle Abwässer mitnahm. Nach und nach ließ Barbara sich freilich in regelmäßigen, aber langen Abständen zum Aufstellen eines Badezubers bewegen, und ähnlich regelmäßig wurde auf Judiths Weisung dann auch mit dem Waschen der vierzig weißen Gewänder verfahren. Es galt, einen Mittelweg zwischen den Gewohnheiten der Bürgertöchter und den Zielen einer wahren Askese zu finden; denn Flecken und graue Schmutzränder an den Kleidern nahmen sich in den Augen einer Hausfrau aus der Stadt anders aus als in denen einer Heiligen.

In einem Spital aber lag das alles anders. Dort konnte man von vornherein nicht auf warmes Wasser verzichten, auf Wärme überhaupt. Die Wäsche der Kranken mußte häufig gewechselt werden können; ihre Sauberkeit hatte nichts mit Askese zu tun. Ein Spitalzimmer konnte deshalb nur oben im Nordflügel neben der Kaminhaube eingerichtet werden, mit leichtem Zugang zur Küche und zu den Wirtschaftsräumen. Das ganze Problem mußte gründlich mit Ursula besprochen werden.

Doch das Gespräch mit Ursula wurde unversehens zu einer letzten Auseinandersetzung ums Prinzip und begann mit einem Ausbruch von Ursulas alter Leidenschaft.

«Judith, ich habe der Klosterregel zugestimmt und will sie mit Freuden einhalten», sagte sie. «Ich habe Magdalenas Wort vom Zuhausesein wohl im Kopf oder besser: im Herzen. Aber ich erinnere mich auch an ein Wort von Helwidis; ‹Leben kann jeder; sterben muß man können.› Und ich kann mir nicht helfen – mir geht es auch in diesem Hause noch ums Leben und nicht ums Sterben. Für mich macht es keinen Sinn, daß ein Leben um so vollkommener sein soll, je härter es durch Askese abgetötet wird! Schau dir die Helwidis an! Sie ißt so gut wie nichts mehr und geht damit weit über das Fastengebot hinaus. Sie kniet stundenlang auf dem kalten Fußboden und bekommt geschwollene Knie davon; man müßte sie jedesmal danach in ein heißes Bad stecken. Sie geißelt sich für Sünden, die ich nicht sehen kann; die Striemen müßten mit Salbe behandelt werden. Der Mantel zum Zudecken ist auf die Dauer für uns alle nicht warm genug. Wenn wir so weitermachen, füllen wir den Spitalraum, den du planst, mit lauter überflüssigen Kranken, während draußen wirkliche Not ist. Verzeih, wenn ich dich kränke; an der Hausregel will ich nicht rütteln, aber ein Spital übernehme ich nur dann, wenn ich in ihm nach bestem Wissen und Gewissen pflegen darf. Und es kann mir niemand weismachen, daß das gegen das Gebot Christi verstößt!»

Nun – wenn das nicht hieß, das Brett an der dicksten Stelle zu bohren!

Judith holte tief Luft. Dann sagte sie: «Wir müßten eigentlich Katharina oder einen der Brüder hinzuziehen; denn meine theologischen Kenntnisse reichen für solche Grundsatzfragen nicht aus. Aber ich kann dir doch zwei – nein, drei Dinge sagen. Erstens: In der Ordensregel wird uns ausdrücklich das Erbarmen mit den Kranken und Elenden ans Herz gelegt und ihre Pflege zur Pflicht gemacht; wo sollte das gelten, wenn nicht in einem Spital? Zweitens: Die Menschen, die sich am weitesten vorwagen, brauchen am meisten Hilfe. Weißt du denn, ob Helwidis nicht gerade auf dich angewiesen ist? Und willst du dich verweigern, wenn sie dich eines Tages braucht, für welche Krankheit auch immer? Und drittens: Es heißt in der Bibel, viele seien berufen, aber wenige auserwählt. Nun – vielleicht gehören wir beide nicht zu den Auserwählten. Vielleicht sind wir, wie Frau Regula das einmal von sich gesagt hat, nur Marthen und keine Marien. Aber wenn das so ist, dann dürfen wir denen, die vielleicht auserwählt sind, den Weg nicht verstellen. Denk darüber nach und richte einstweilen dein Spital ein! Lena soll dafür sorgen, daß du alles bekommst, was du brauchst. Und es muß ein richtiges Spital werden, in dem Kranke wieder gesundgepflegt werden. Schließlich sind wir alle einmal Spitalerinnen gewesen.»

Bald sah man nun Katharina und Ursula wieder zusammen arbeiten wie früher, über Ursulas Bücher und Zeichnungen und auch schon über manches neue Manuskript gebeugt; die eine schrieb Texte für die andere ab und half ihr beim Sammeln von Material.

Und es gab noch von zwei Seiten Hilfe und Mitarbeit. Eines Tages legte Richenza ein Paket aus grober Leinwand auf den Arbeitstisch. «Ihr werdet für Ursulas Medizinen Platz im Kräutergarten brauchen», sagte sie, «und vielleicht auch noch Pflanzen. Ich habe an die Schwester geschrieben, die bei den Benediktinerinnen den Garten betreut und habe sie um Stecklinge und Samen gebeten. Sie versteht viel von Heilpflanzen, und sie hat mir hier einen ganzen

Packen als Grundstock für unseren Garten geschickt. Die lateinischen Namen stehen auf Pergamentstreifen dabei. In ihrem Brief schreibt sie außerdem, daß es in Köln einen berühmten Gelehrten unseres Ordens gibt, der kürzlich ein großes Werk über Pflanzen fertiggestellt hat. Dreihundertneunzig Pflanzennamen soll es enthalten! Ihr werdet seinen Namen kennen – Albert heißt er, und sie nennen ihn wegen seiner Gelehrsamkeit den Großen.»

«O ja!» erwiderten Katharina und Ursula gleichzeitig.

«Er ist der Provinzial des Ordens für unsere Provinz, der Leiter des Dominikanerordens in Deutschland, und falls er einmal in unsere Stadt kommt, läßt euch die Schwester aus der Abtei sagen, dann möchtet ihr versuchen, Abschriften zu bekommen und dabei auch an sie denken!»

Das waren Aussichten, die das Bild des städtischen Spitals in Ursulas Augen allmählich verblassen ließen.

Die zweite Hilfestellung kam von einem sehr ungleichen Paar. Almuth und Gertrud, so verschieden sie waren, hatten doch ein gemeinsames Interesse, und das war der Garten. Ein Garten gehörte zu jedem Kloster, und es verstand sich, daß er von der Klostermauer ebenso fest umhegt sein mußte wie einst das Paradies in der Bibel. Ein solcher in sich geschlossener Garten war eine Stätte der Ruhe und Zuflucht für alle die, die selbst in der Klausur noch zuviel von der Unruhe der Welt spürten. Schon der heilige Benedikt hatte das «Bete und arbeite!», den Grundgedanken seiner Regel, nirgends so vollkommen angewandt gefunden wie beim Aufenthalt im Garten; denn dort war die Arbeit der Hände nötig und die Ruhe der Gedanken möglich. Deshalb hatte in allen Benediktiner-Abteien der Garten seinen festen Platz im Klosterplan, und zwar sowohl der Nutzgarten für die Wirtschaft des Klosters wie der Kräutergarten für Küche und Apotheke, und schließlich der Baum- und Ziergarten mit Blumen und Sträuchern.

In einem auf engem Raum angelegten Stadtkloster mußte man freilich den Platz einteilen, und so war der Nutzgarten mit Erbsen, Bohnen, Mangold, Rüben und Lauch und was sonst an Gemüse zur Küche gebraucht wurde, im Bereich des Wirtschaftshofes angelegt worden, und er war nicht groß, weil von dem neuen landwirt-

schaftlichen Besitz des Klosters eigene Gemüselieferungen hereinkamen.

Im Wirtschaftshof aber regierte Lena, und so fehlte es Gertrud an einem Wirkungsfeld ihrer Neigung. Sie hatte bisher in einem stillen Wettstreit mit Almuth gelegen, die sich unerwartet des künftigen Klostergartens zwischen Westflügel und Stadtmauer angenommen hatte. Hier entstand unter ihren Händen ein sauberes Rechteck nach dem anderen, bis mehrere Beetreihen zur Aufnahme von Pflanzen, Stecklingen und Samen bereit waren. An der Klosterpforte wurden im Herbst große Pakete, in feuchteTücher eingeschlagen, für Almuth abgegeben, Pflanzgut aus dem elterlichen Hausgarten. Ehe Judith oder jemand anderes es sich versah, hatte Almuth ihren Inhalt in die neuen Beete versenkt und alles gründlich gewässert. «Wartet bis zum Frühjahr!» sagte sie geheimnisvoll.

So kam das Kloster zu seinen Blumenbeeten, zu Lilien, Rosen, Akelei, Malve, Veilchen und Maiglöckchen, und Wolfram wanderte vom Wirtschaftshof aus um das Gebäude herum und setzte ein Bänkchen zwischen die Pracht; außerdem pflanzte er Haselnuß, Holunder und Schlehen, die zugleich nützlich waren und Schatten gaben, und er legte auch mehrere Reihen von Obstbäumen an. Äpfel, Birnen, Kirschen und Pfirsiche konnten auch von hier aus in die Küche gelangen.

Judith hatte ihre eigenen Gedanken, wenn sie die junge Nonne in diesem ihrem Paradiesgärtlein sah. Wie hatte Ursula gesagt? «Ich kann mir nicht helfen, ich bin auch jetzt noch fürs Leben!» Das galt wohl auch für Almuth, nur wußte sie es nicht.

Gertrud aber nahm das alles als einen Ansporn zu eigenem Handeln, und bald war auch sie am Werken. Ihr Lieferant war Lena, die nicht ungern aus den Gemüsebeeten im Wirtschaftshof die Betreuung der vielen Küchenkräuter abgab. Für diese richtete Gertrud jetzt weitere Beete ein, und bald blühten neben den Rosen und Lilien auch Dill, Petersilie, Koriander, Fenchel, Kümmel, Senf, Knoblauch und Anis. An diesen Teil des Klostergartens hatte Richenza gedacht, als sie Heilpflanzen aus der Abtei anforderte, und Almuth wie Gertrud ergriffen dankbar die Gelegenheit, ihre Rivalität zu begraben und den Garten für die Neuankömmlinge zu öffnen.

Nützlich und wohlvertraut und vom Volksmund mit unzähligen verschiedenen Namen belegt waren die Pflanzen, die nun Einzug hielten. Da waren die wohlriechenden Kräuter, die gegen Entzündungen aller Art halfen: Arnika, Thymian, Fenchel, Kamille, Alant, Minze, Wacholder, Liebstöckel, Melisse und die bei Pestfällen gesuchte Bibernelle. Andere halfen dem Magen, die schweren Speisen aufzubrechen und zu verdauen, wie Schafgarbe, Wermut, Beifuß, Tausendgüldenkraut oder Enzian. Gegen Husten halfen Salbei, Huflattich und Eibisch; und in der richtigen Mischung von diesen allen und vielen anderen Kräutern verbündeten und steigerten sich ihre Heilkräfte noch.

In einem kleinen, wohl abgegrenzten Beet am Rande zog Ursula freilich auch Kräuter, vor denen Gertrud sich bekreuzigte und Almuth den Kopf abwandte. Es roch ein wenig nach Hexensalbe und Blocksberg in diesem Beet, in dem Bilsenkraut, Schlafmohn und Hanf gezogen wurden, schmerzlindernde Mittel bei schlimmen Krankheiten, aber auch bei gewöhnlichem Zahnweh. Fingerhut, Tollkirsche, Schierling und Herbstzeitlose gaben Säfte, die nur von Ursula selbst und nur tropfenweise verabreicht werden durften.

Bald entstand im Nordflügel neben dem Spitalraum eine regelrechte kleine Apotheke, die selbst von Richenza manchmal bedenklich die «Hexenküche» genannt wurde. Schließlich wußte jeder, der es wissen wollte, daß die Heilgifte aus dem verbotenen Beet wirkliche Teufelsdienste tun konnten und draußen in der Welt auch taten; sie vermochten es, Menschen außerhalb ihrer selbst zu versetzen und Wahnbilder hervorzubringen. Außerdem war die Arbeit in der Apotheke nicht ganz ungefährlich, denn man konnte zum Beispiel vom Riechen des Extrakts der Tollkirschenblätter schwindlig werden und vom Berühren der Aronswurzel Verbrennungen auf der Haut davontragen.

Aber Ursula wehrte alle Bedenken lachend ab und hielt nur den Schlüssel zu dem kleinen Apothekenzimmer unter festem Verschluß. Es gab aber aus der Zeit, in der das Haus kunterbunt ausgebaut worden war, innen in ihm ein Fenster von der Apotheke in die Küche hinunter, und bald gewöhnten sich alle daran, bei Arzneibedarf im Hause oder an der Pforte auf einen Schemel in der Küche zu steigen und mit einem Besenstiel oben an das Apothekenfenster zu klopfen. Dann erschien Ursula dort, erkundigte sich nach der Lage und gab zusammen mit gutem Rat die gewünschte Medizin herunter. Aber das durften nur harmlose Hausmittel sein; denn es gab eigene Apotheken und Apothekenordnungen in der Stadt.

Neben all diesen großen und kleinen Meisterschaften wollte Barbaras Arbeit fast geringfügig erscheinen, und doch war das Amt der Küchen- und Kellermeisterin in der Klostertradition fast das wichtigste neben dem der Priorin. Zwar war es durch die Einbeziehung von Lena und Gertrud gegenwärtig fast überbesetzt; aber seine eigentliche Last lag dennoch auf Barbaras Schultern, denn Gertrud war zu emsig und umtriebig für regelmäßige häusliche Arbeit, und Lena war im Wirtschaftshof ganz mit der Vermittlung zwischen Außen- und Innenwirtschaft beschäftigt. Lena war mehr oder weniger das, was man die «Schaffnerin» eines Klosters nannte, nur daß dieses Amt eigentlich nicht von einer Laienschwester wahrgenommen werden durfte. Aber Judith handhabte solche Fragen inzwischen großzügig; sie ließ Lena bei der Arbeit, die sie schließlich ihr Leben lang getan hatte. Nur die Abrechnungen wurden regelmäßig von Priorin oder Subpriorin geprüft.

So trug Barbara nur die Verantwortung für das leibliche Wohl der Schwestern, und auch diese Aufgabe war leicht und schwer zugleich. Sie war leicht, weil es in der Gründungszeit des Klosters so wenig zu essen gab, daß man immer nur zusehen mußte, wieviel Wasser in die Suppe geschüttet werden mußte, damit sie für alle reichte. Die gemessene Schönheit des neuen Refektoriums stand in seltsamem Gegensatz zu den ärmlichen Speisen, die auf den Tisch kamen, und der Bratspieß aus der Küchenausstattung, an dem anderswo Gänse und Spanferkel gebraten wurden, hatte bei Barbara jahrelang Ruhe. Die wenigen Hühner, die von Wolfram für die Küche freigegeben wurden, wanderten in den Suppenkessel, zusammen mit Gemüse und Kräutern und mit ein wenig von dem teuren Salz. Dazu gab es Fladenbrot, mit Sauerteig angesetzt, zunächst aus Roggen und Gerste, später dann auch aus weißem Mehl und mit Thymian, Kümmel, Koriander und Zwiebel gewürzt. Die Suppenschüssel wurde die Tafel entlanggereicht; jede der Schwestern

tunkte ihr Brot hinein und fischte von ihrem Inhalt soviel, wie ihr angemessen schien, in ein flaches Holzschüsselchen; ebenso vom Gemüse, das erst nach und nach auch mit Speck angebraten und mit Schmalz verfeinert werden konnte. Eigene Löffel zeigten erst später den Wohlstand des Klosters an; ein Messer dagegen besaß jede Schwester.

Barbara verstand freilich, auch den kärglichsten Speisen etwas abzugewinnen, so daß ein Fischmus aus allerlei Resten schon zu der Zeit würzig schmeckte, als sie ihm nur Kräuter und noch nicht die Milch und die Mandeln zusetzen konnte, die das Rezept verlangte. Und als Forellen und Steinbutt verfügbar waren, wußte sie diese so sorgfältig auf einem Kräuterbett anzurichten und dessen Geruch in die zum Backen verwendeten Eichenholzbretter einziehen zu lassen, daß das Gericht auch ohne viel Butter und Wein mundete.

Barbaras eigentlicher Kummer war es dabei, daß die strengeren Schwestern sich nicht einmal an fastenfreien Tagen von ihren

Kochkünsten verführen ließen; weder von der in Schmalz gebackenen Salbeitorte noch von Eierteigtaschen mit Muskat, Kerbel und Safran oder von Fischpasteten mit Kräuterfüllung. Auch die in Milch, Eiern und Zimt gewendeten und dann in Schmalz gebackenen Weißbrotscheiben wiesen sie zurück, weil sie von weitem wie Fleischportionen aussahen. Den fastenden Schwestern galten schon diese kleinen Spielereien mit den erlaubten Speisen als eine Umgehung des klösterlichen Fastengebotes, und deshalb hatte es eine Küchenmeisterin in einem strengen Kloster schwierig. Aber manchmal kam Helwidis eigens in die Küche, umarmte Barbara und sagte: «Ich würde dich so gerne fröhlich machen, Bärbel! Warum mußt du nur gerade das so gut können, was mir nicht hilft?»

Dann war Barbara schon wieder halb getröstet.

Geht es auch nicht ohne Männer?

Nach und nach fand das Leben im Hause zu einer eigenen Gleichmäßigkeit, und Judith gewann an Erfahrung im Umgang mit seinen Bewohnerinnen. Wenn man die Forderung nach einem asketischen Leben zu unvermittelt stellte, machte man die Töchter aus den wohlhabenden Ritter-, Kaufmanns- und Handwerkerfamilien scheu. Wenn man aber das Beispiel der Gründungsgruppe wirken und keinen Zweifel an der Zielsetzung des Hauses aufkommen ließ, gewann man die meisten von ihnen rasch. Sie wollten in einem angesehenen Kloster leben und begriffen bald, daß dieses Ansehen am allerwenigsten vom Reichtum kam. So fügten sie sich in die Disziplin und sahen mit wachsendem Respekt auf die unbeirrbaren Asketinnen und Büßerinnen, deren Ruf sich in der Welt draußen schon auszubreiten begann. Heiligmäßig geführte Leben waren eine Verheißung, ja eine Gewähr für reiche geistliche Gnaden, und an denen hing das Ansehen eines Klosters.

Die Willigen unter den neuen Schwestern nahmen denn auch bald dieses heiligmäßige Leben als ihr eigenes Ziel an und eiferten den strengen Übungen von Helwidis, Magdalena und Richenza nach. Immer häufiger mußte Judith dabei die hohe Kunst jeder Äbtissin und Priorin üben, die Übereifrigen zu zügeln, ohne doch ihren Impuls zu brechen und die Trägen zu mahnen, ohne sie doch aufsässig zu machen. Vor allem aber mußte eine Priorin die Augen offenhalten, um verdeckte Probleme zu erkennen und zu entschärfen, ehe sie bei Anklage und Strafe offenbar wurden.

Jedes Frauenkloster lebte unter anderem mit dem Problem lesbischer Gefährdungen, die nach dem Verständnis von Kirche und Welt einen schweren Verstoß gegen Sitte und Keuschheitsgelübde darstellten. Eine beginnende Bindung wurde deshalb stets getrennt; schon die tägliche Begrüßung der Schwestern untereinander durfte nur gemessen ausfallen. Liebkosungen, das mußte deutlich sein, konnten nur der Seele gelten, da ja der Körper nur deren irdisches Gehäuse war. Jede Berührung zwischen zwei Schwestern mußte ins Geistige gewendet und dem Ziel des gemeinsamen Lebens untergeordnet werden.

Andererseits galt es aber auch, kleine Feindseligkeiten und Gereiztheiten beizeiten zu entschärfen; die Ermahnung zu liebevollem Umgang miteinander konnte doch auch wieder nicht oft genug ausgesprochen werden.

Mit alldem wäre Judith bei so vielen Frauen auf so engem Raum alleine nicht fertiggeworden. Hier setzte eine Hilfe ein, ohne die kein Frauenkloster auskommen konnte: die Arbeit des Bruders, den der Männerkonvent für die Nonnenseelsorge stellte oder besser: freistellte; denn diese war eine hauptamtliche Arbeit.

Der Bruder Jakob war nicht mehr jung; das legte eine Ordensempfehlung für alle Brüder in diesem Amt nahe. Aber er war auch noch nicht alt; denn sonst hätten die Schwestern sich von ihm nicht mehr verstanden gefühlt. Er war nicht schön und war es wohl auch in seiner Jugend nicht gewesen. Auch damit entsprach er einem Rat des Ordens; denn man konnte nicht gut Mauern gegen die Versuchung der Welt errichten und diese dann zum Tor wieder hereinlassen. Er war eigentlich sogar häßlich mit seiner langen, melancholischen Nase und dem übergroßen Mund, aber er war grenzenlos gutherzig, und er war klug.

Es hatte eine ganze Weile gedauert, bis der Prior ihn für diese Aufgabe gewinnen konnte; denn zunächst hoben alle Brüder abwehrend die Hände, wenn man ihnen die Nonnenseelsorge antragen wollte. Sie alle waren Prediger und bezogen in ihre Predigten willig die Frauen mit ein; sie alle übten in ihrer Klosterkirche gern und mit großem Erfolg Seelsorge; die Beschwerden der städtischen Geistlichen darüber kamen nicht von ungefähr. Aber ihre restliche Zeit galt dem Studium, der wissenschaftlichen Arbeit und sonst noch den Aufträgen des Ordens. Mit der Aussicht auf hauptamtliche Frauenseelsorge ließ sich keiner vom Schreibtisch weglocken.

Wieder gab es im Hause eine hitzige Aussprache. «Da seht ihr es!» sagte Katharina. «Wenn sich eine Gemeinschaft von Männern zusammenfindet, dann kann sie einfach einen unter ihnen bestimmen, der sich zum Geistlichen weihen läßt und dann den anderen die Messe liest und die Sakramente reicht. Wenn Frauen das tun, dann muß sich eigens ein Mann erbarmen, damit sie zu Messe, Beichte und Sterbesakramenten kommen.»

«Es geht ja nicht nur um Messe und Sakramente, Katharina», erwiderte Judith und dachte an die lang zurückliegenden Gespräche mit Frau Regula und an ihre eigenen Erfahrungen. «Frauenklöster brauchen geistliche Führung und Betreuung. Sicher, wir können vieles unter uns besprechen und uns damit helfen, und manchen genügt das. Aber die meisten im Hause, täusch dich da nicht, wollen eine andere Autorität als deine oder meine.»

«Und dafür muß einer der Brüder seine wissenschaftliche Arbeit opfern!» sagte Katharina grollend.

Nicht nur einer mußte das tun, denn zur Meßfeier brauchte man außer dem Priester ja auch Diakone und zur Entlastung des Seelsorgers wenigstens einen Kaplan. Das war nicht ganz wenig.

Als dann der Bruder Jakob sein Amt antrat, war Katharina freilich als erste gewonnen. «Wenn jemand es mit soviel Anstand tut», erklärte sie, «dann nehme ich es dankbar an. Man könnte fast meinen, er täte es gerne!»

Erst eine ganze Weile später fand Judith Gelegenheit, dem Bruder Jakob diese Geschichte zu erzählen.

«Die Schwester Katharina hat recht», erwiderte er ernsthaft;

«ich tue es wirklich gern. Wißt Ihr, warum? Ehe ich selbst in unser Kloster eintrat, habe ich oft meine Mutter besucht. Sie war in ein ärmliches Kloster in unserer Heimatstadt eingetreten, als ich sie nicht mehr brauchte; sie wollte mir nicht zur Last fallen. Sie klagte manchmal, es komme kein guter Prediger in das Haus, und sie fühle sich deshalb alleingelassen. Es war die einzige Klage, die ich je von ihr gehört habe, und dabei hat sie hart arbeiten müssen, um uns beide durchzubringen, denn mein Vater lebte nicht mehr. An diese Klage habe ich jedesmal denken müssen, wenn ich mich an meine Studien setzen wollte, und deshalb bin ich der Bitte des Priors gern gefolgt.»

Er war ein bißchen drollig, der Bruder Jakob, und manchmal ein wenig zerstreut, und die kleinen Mädchen im Kloster kicherten bisweilen. Aber sie liebten ihn heiß und bettelten jedesmal, wenn er ins Haus kam, um eine Unterhaltung mit ihm. Er konnte wundersame Geschichten erzählen, und er richtete es stets so ein, daß man bei ihnen auch lachen konnte.

Mit den erwachsenen Schwestern redete er ernsthaft und manchmal auch streng, wenn sie ihn nach Messe und Beichte noch um ein paar Worte im Sprechzimmer baten. Das war eigentlich nicht vorgesehen, aber Judith erlaubte es doch immer wieder; denn es half, Spannungen zu lösen. Die Klausur selbst durfte der Bruder Jakob nur dann betreten, wenn er für die Sterbesakramente gerufen wurde, und auch dann nur in Begleitung der Priorin. Er tat mit großer Geduld alles, was von ihm verlangt und erbeten wurde, und setzte seinen Stolz in den tadellosen Ruf des Klosters. «Auf diese Weise bringen wir dem Orden ein Kleinod ein, einen Edelstein unter seinen Gütern», sagte er fröhlich. «Den Ruhm des Ordens zu mehren, ist ja eine Belohnung in sich.»

Dem Orden! Der war im Kloster allgegenwärtig; ihm war man außer der Klosterzucht die Befolgung seiner Gewohnheiten und Empfehlungen schuldig. Der Prior des Brüderklosters war der Mittelsmann zu den Oberen des Ordens; in seinem Auftrag überbrachte der Bruder Jakob den Schwestern deren Weisungen und Schreiben sowie die Beschlüsse der Ordenskapitel, bei denen der Prior die Interessen des Frauenklosters vertrat. Im Auftrag der Ordensleitung wurden die Visitationen, die regelmäßigen Überprüfungen eines Klosters auf seine Zucht und seine Verwaltung, durchgeführt. Der Orden war gewissermaßen die Organisationshülle und das geistige Gehäuse des Klosters.

Mit seinem Besitz aber und damit mit fast all seinen wirtschaftlichen Problemen stand das Kloster in der Welt; denn Klosterbesitz unterschied sich nicht wesentlich von weltlichem. Auch auf ihm konnten das Vieh sterben, die Ernte mißraten, die Knechte davonlaufen, Grenzziehungen zum Streitgegenstand werden. Für alle diese Probleme war Wolfram zuständig, und er erwies sich nun, da er freie Hand hatte, als ein wahres Geschenk. Die Zusammenarbeit zwischen ihm und Herrn Johannes lief reibungslos, und bald konnte sich der alte Patron und Stifter in dem kleinen Haus auf dem Klosterhof, das er und Wolfram gemeinsam bewohnten, zur Ruhe setzen. Wolfram trat nun in den Stand eines Laienbruders oder Konversen ein. Das hieß: er legte die Klostergelübde in der gleichen Form wie die Laienschwestern ab und verpflichtete sich zur gleichen Art der Stundengebete wie diese, nämlich zu einem oder mehreren Vaterunser am Arbeitsplatz, wenn das Glöckchen während der Arbeitszeit erklang, und auch zur Teilnahme an der täglichen Messe. Er gelobte in die Hände der Priorin lebenslange Arbeit im Dienste des Klosters, das ihm dafür Schutz, Wohnung und Verköstigung schuldete.

Damit lebte Wolfram in einem anderen Stand als Herr Johannes, der mit der Stiftung seines ganzen Besitzes an das Kloster nun dessen Pfründner war. Ein solcher Pfründner lebte ohne Klostergelübde und ohne irgendwelche Verpflichtungen auf dem Boden des Klosters von einer Rente, die dieses ihm auszahlte; er erhielt seine Verpflegung aus der Klosterküche, und zwar stets etwas reichlicher und besser als die Schwestern.

Es gab solche Pfründner auch bei anderen Klöstern und in den Spitälern der Städte; die Rente aus dem Vermögen, das sie gestiftet hatten, stellte ihre Alterssicherung dar; zugleich stand ein Pfründner auch – in Zeiten politischer Unruhe keine Kleinigkeit – im Rechtsschutz seines Spitals oder Klosters.

In der Praxis freilich waren die Unterschiede zwischen dem Leben der beiden Bewohner des Konversenhauses im Wirtschaftshof draußen nicht groß, denn natürlich hielt sich auch Herr Johannes zum geistlichen Leben des Klosters. Sie wurden auch dann kaum spürbar, als Wolfram weitere Laienbrüder anwarb, die für die wachsende Arbeitslast in der Wirtschaft nötig wurden; Bauern zumeist, aber auch den einen oder anderen Begüterten, der mit zunehmendem Alter an einem gemeinschaftlichen Leben und an größerer Sicherheit interessiert war.

Hin und wieder freilich lud Herr Johannes einen der ehemaligen Herren unter den Laienbrüdern in den schönen Raum der jetzigen Sakristei auf sein Sitzbänkchen und an die Wärme von der Backstube her ein, während die ehemaligen Bauern in den Räumen des Wirtschaftshofes blieben und dort klösterlich karg verpflegt wurden. So war die Welt.

Alle wirtschaftlichen Beratungen wurden in einem eigenen Raum im Obergeschoß des Ostflügels abgehalten, zu dem Priorin und Verwalter gleichermaßen Zugang hatten. Wolfram führte jetzt den Titel eines Hofmeisters oder Klosterschulzen und hatte Vollmacht zu allen wirtschaftlichen Unternehmungen im Dienste des Klosters. Er konnte kaufen, verkaufen. Gesinde einstellen und entlassen, Abgaben einziehen und auch niederes Gericht halten; er konnte das Asylrecht des Klosters in dessen Namen zugunsten eines Verfolgten wahrnehmen und das Kloster vor weltlichen Instanzen vertreten – aber alles nur im Namen von Priorin und Konvent. Er sprach mit der Priorin oder der Subpriorin jeden derartigen Schritt ab und war ihnen Rechenschaft über ihn schuldig.

Als das Kloster mit dem anhaltenden Zustrom von Schwestern seine Anfangszahl schon weit hinter sich gelassen hatte und wirklich wohlhabend geworden war, setzte Wolfram auf den einzelnen Klostergütern eigene Verwalter ein, Laienbrüder zumeist, aber auch weltlich lebende Leute, und stieg zu einer Art oberstem Bevollmächtigten auf. Unter seinen Nachfolgern sollten auch Söhne aus ritterlichen Familien sein, so angesehen war das Amt geworden.

Auch dem Bruder Jakob mußte Wolfram regelmäßig über die Wirtschaftslage des Hauses berichten; aber dieser schob die Rechnungsbücher bald mit einer kurzen Bewegung beiseite, nachdem er sie durchgeblättert hatte. «Ich komme mir vor wie eine arme Kirchenmaus auf Besuch bei einer reichen Stadtmaus», sagte er scherzend, und er hatte recht damit. Denn die Männerklöster blieben an das Besitzverbot der Bettelorden gebunden; die Brüder durften nur vom Lohn ihrer Arbeit und von der Mildtätigkeit anderer leben. Besitz war weiterhin nur bei Frauenklöstern erlaubt und gefordert.

Freilich reichte auch Wolframs Vollmacht nicht für alle Zwischenfälle aus, die den Besitz des Klosters treffen konnten: räuberische Überfälle etwa oder Anfechtungen von Besitzrechten, Unklarheiten über Mitgiften oder Zweifel an Schenkungen. In solchen Fällen mußte auf höherer Ebene geschlichtet oder auch gerichtet werden: vor Ordensoberen oder bischöflichen Gerichten, vor päpstlichen Legaten oder auch vor Kaiser und Reich, falls es gerade einen Kaiser gab. Für diese Fälle brauchte ein Frauenkloster einen Sachwalter von Rang; denn für die Priorin gab es zwar Ausnahmen vom Klausurgebot; sie konnte auch selbst vor einem Hof- oder Gerichtstag erscheinen; aber einen Begleiter und Berater brauchte sie dabei allemal.

Solange Herr Johannes lebte und seinen Einfluß geltend machen konnte, war eine solche Sachwaltung kein Problem; aber später wurde es schwieriger. Zwar waren weltliche Herren, die mit Mutter, Schwester oder Tochter auch Besitz an das Kloster gegeben hatten, häufig an dem einflußreichen Amt eines Schutzvogts interessiert, aber dem konnten wieder andere Interessen des Klosters entgegenstehen. Es galt daher für jede Priorin, das weltliche Umfeld ihres Klosters sorgfältig im Auge zu behalten und seinen Platz in ihm zu behaupten. Aber dazu genügten meistens doch Wolframs Ansehen und sein Rat.

So eignete sich Judith im Laufe der Zeit reiche Erfahrungen im Umgang mit weltlichen Herren an; denn auch für die Stadt war die Priorin eines so angesehenen Klosters ein oft gesuchter Gesprächspartner. Ganz am Ende von Judiths Amtszeit gab es dabei ein seltsames Wiedersehen.

Es ging bei einer Unterredung um den Wunsch der Stadt, das Kloster möge einen Beitrag zur Befestigung der Stadtmauer an der Stelle leisten, hinter der es selber lag. «Eine heilige Stätte, die so hart an der Stadtmauer liegt», so machte der Vertreter des Rates geltend, «ist zwar durch die Fürbitte ihrer Schutzpatrone in sich eine Gewähr für Bewahrung bei feindlichen Angriffen; aber doppelt genäht hält doch besser. Das Kloster ist inzwischen wohl reich genug, um auch einen weltlichen Beitrag in dieser Sache zu leisten. Der Rat läßt Euch bitten, das wohlwollend zu erwägen!»

Dagegen war nichts einzuwenden, und Judith stimmte in höflichen Worten zu. Der Vertreter der Stadt war Herr Anton Magerlein, und er übermittelte der verehrungswürdigen Frau Priorin den Dank der Stadt in Wendungen, die ebenso höflich, aber nicht ganz so wohlgeraten waren wie die ihren. Konnte es sein, daß Herr Anton, inzwischen ein weißhaariger Mann, ein wenig aufgeregt war?

Zu dieser Zeit war das Kloster seiner wirtschaftlichen Sorgen schon lange ledig, und es war nun auch schon eine ganze Weile her, daß Herr Johannes seine letzte Ruhestätte unter einer schön gearbeiteten steinernen Grabplatte in der Klosterkirche gefunden hatte. Judith ließ sein Wappen nicht nur in der Sakristei, sondern auch auf seinem Grabe einmeißeln. Es war zu hoffen, daß Helwidis' unablässiges Gebet dem großmütigen Stifter wirklich einen jauchzenden Empfang am Himmelstor bereitet hatte.

Doch nach Herrn Johannes' Tod wuchs dem Kloster unerwartet ein neuer Helfer zu. Die Eltern von Almuth Ermendinger entschlossen sich zu einem Schritt, den viele Ehepaare im Alter vollzogen. Sie verließen die Welt; Frau Odilie trat ebenfalls in das Kloster ein und Herr Bernhard, ein gebildeter Mann, ließ sich nach kurzer Unterweisung zum Kaplan weihen. Mit seinem Vermögen, soweit es nicht Frau und Tochter als Mitgift erhielten, stiftete er der Klosterkirche einen neuen, einen Marienaltar, in dessen Pfarrdienst er selber trat. Dem Bruder Jakob und dem ganzen Brüderkonvent war das sehr recht; denn dieser Kaplan hatte nun soviel Zeit, wie die Frauen sie brauchten.

DIE LAST DER GNADEN

Geistiges und geistliches Brot

Aber all das geschah viele Jahre nach der Gründung des Klosters, schon fast gegen Ende von Judiths Lebens- und Amtszeit, und es war ein weiter Weg bis dorthin.

Denn man gründete ein Kloster ja nicht, weil man Besitz und Rechtsansprüche, Spital und Garten, Küche und Bibliothek erwerben oder einrichten wollte, sondern man tat es aus den Gründen, die Richenza bei ihrem Kommen umrissen hatte: Weil man nämlich Gott von ganzem Herzen, von ganzen Sinnen und von ganzem Verstand liebte und weil man einen Ort brauchte, der zu nichts anderem als zu dieser Gottessuche diente. Daneben durfte alles andere nur Beiwerk sein.

Da war es gut, daß es beim Ebnen und Pflastern dieses Weges Hilfe vom Männerkonvent gab, noch über die des Bruders Jakob hinaus. Nicht nur geistlichen, sondern auch geistigen Beistand waren die Brüder ja einem Frauenkonvent des eigenen Ordens schuldig, und sie leisteten ihn getreulich. Bald wurde ein Nehmen und Geben auf beiden Seiten daraus.

An die Brüder, die solche Hilfe leisteten, wurden noch andere Anforderungen gestellt als die, daß sie nicht jung und schön sein durften, und natürlich hatte der Bruder Jakob auch diesen Ansprüchen genügen müssen. Gelehrte und erfahrene Brüder, so forderten die Oberen des Ordens ausdrücklich, sollten die «cura monialium», die Seelsorge bei den Nonnen, übernehmen. Sie sollten sich dabei genau auf die Bedürfnisse und Fragen ihrer Beichtkinder und Zuhörerinnen einstellen. Nicht umsonst war Frau Mechthild eines guten, zeitgemäßen Predigers wegen gerade zu den Dominikanerinnen gekommen.

Die Seelsorger waren auch gehalten, den Wissens- und Bildungsstand der Schwestern zu berücksichtigen und ihn nach Kräften zu mehren. Denn nur durch ein gründliches «studium», durch eine genaue Unterweisung in allen Wissensgebieten konnte ja ein suchender und forschender Mensch vor Irrtümern und Kurzschlüssen bewahrt werden, wie das unwissende Volk draußen sie nur allzugern aufgriff, und in Zeiten der Ketzergefährdung besonders. Nur über die Verarbeitung von Wissen ging der Weg zur Erkenntnis Gottes, so lehrten es die großen Meister des Ordens, und deshalb war jedes seiner Mitglieder gehalten, soviel Theologie und Philosophie zu lernen, wie es mochte und konnte, auch die Frauen. Die Bücher, aus denen die Brüder ihr Wissen schöpften, standen den Schwestern, die sie lesen und abschreiben wollten, zur Verfügung.

Auch Katharina richtete deshalb bei der Ankunft von Novizinnen ihr Augenmerk auf guten Nachwuchs für die Bücherstube und machte bei der Verteilung der Arbeit deren Interessen geltend. Es waren Interessen, die sogar ihren Niederschlag im Haushaltsbuch fanden; denn bald ließen auch Dritte, Geistliche oder Laien, sich von den Nonnen nach eigener Bestellung Bücher abschreiben. So entstanden außer Gebets- und Singbüchern auch Breviere und Evangelienbücher, schön mit den Wappen der Empfänger verziert. Hedwig, Diemut und Alheit arbeiteten so fleißig daran, daß eine zuschauende Schwester eines Tages schwor, sie habe die Hand der Schreiberin – es mußte wohl Alheit gewesen sein – wie von purem Gold erglänzen sehen.

Beim Schreiben und halblauten Lesen dieser geistlichen Texte aber prägten sich bei Meisterin und Schülerinnen in der Bücherstube allmählich die Bibelworte fest ein, und das verhalf jeder einzelnen von ihnen zu einer nützlichen Wissensgrundlage. Wenn jemand wie Alheit sich gerne selber etwas zum Schreiben ausdachte, so konnte sie dabei auf die Sprache und den Wortschatz der Bibel zurückgreifen, ohne viel dabei nachdenken zu müssen.

Auch Augustinus wurde abgeschrieben, und auch dessen Schreib- und Denkweise fand Eingang in den Stil und die Gedanken

der Schreibstube. Schließlich hatte der große Kirchenlehrer ja alle Probleme des menschlichen Zusammenlebens durchdacht und etwa in seinen «Selbstgesprächen» den Nachdenklichen unter seinen Lesern die Wege zum Aufzeichnen eigener Erfahrungen gewiesen. Ebenso waren auch Hieronymus und Ambrosius, zwei andere große Kirchenväter, in der Bücherstube keine Fremden. Man mußte sich nicht einmal für Theologie interessieren, um sich dennoch eine Fülle von Ausdrücken, Bildern und Sprachmustern anzueignen.

Aber auch die Theologie selbst fand Eingang in Katharinas Arbeitsbereich. Zwar war der Bruder Nikolaus, der Buch- und Lesemeister des Brüderkonvents, der den Bruder Jakob bisweilen begleitete, gewiß nicht mit den großen Gelehrten zu vergleichen, die der Orden besaß. Mit dem Bruder Thomas von Aquino zum Beispiel, der an der Hohen Schule von Paris lehrte und gegenwärtig die ganze Theologie und Philosophie der Zeit in einem gewaltigen Gesamtwerk, einer «Summa», zusammenfaßte; oder auch mit dem Bruder Albertus Magnus in Köln, der sich auf weit mehr als nur auf die Pflanzenkunde verstand. Aber der Bruder Nikolaus war doch Magister der Theologie, und er tat seinen Schülerinnen zuliebe etwas, das auch über die Lesestube hinaus im Kloster wirkte: Er übersetzte die Predigten und Traktate, die er für die Brüder seines Klosters auf lateinisch verfaßt hatte, für die Schwestern ins Deutsche. Denn natürlich waren es immer nur wenige Schwestern, die wirklich imstande waren, so schwierigen Gedankengängen auf lateinisch zu folgen.

Auf diese Weise kam zum Beispiel die Frage der Gottessuche, die Richenza und Helwidis so umtrieb und die scheinbar nur eine Frage strengster Konzentration im Gebet war, in einer ganz neuen Gestalt auf die Schwestern zu. Konnte ein Mensch, so fragte Bruder Nikolaus in einem seiner Traktate, eine solche Vollkommenheit erlangen, daß es ihm schon in diesem Leben möglich war, sein höchstes und eigentliches Ziel – die Schau und Erkenntnis Gottes – zu erreichen. Oder konnte er hier auf Erden nur einen Vorgeschmack des ewigen Lebens und der ewigen Seligkeit, die in eben dieser Gottesschau bestand, erlangen?

«Warum sollte er es nicht hier schon können?» fragten die Schwestern, als Katharina beim Vorlesen eine Pause machte.

«Das ist eine schwierige Frage», erwiderte diese; «denn viele Ketzer lehren gerade dieses: daß ein Mensch durch eigene Anstrengung schon hier auf Erden einen so hohen Grad der Vollkommenheit erlangen kann, daß Gott sich ihm unmöglich entziehen kann.»

«Ketzer, ach so!» Die Köpfe wurden heiß. «Und was sagen unsere Theologen dazu?»

Katharina las weiter: «Die erkennende Schau Gottes ist doppelter Natur. Sie ist einmal eine vollkommene; und durch sie wird Gottes Wesen erschaut. Es gibt sie aber auch als unvollkommene, und dann sehen wir durch sie zwar nicht, was Gott wirklich ist, aber wir sehen, was er jedenfalls nicht ist; und je vollkommener wir in diesem Leben erkennen können, was Gott ist, desto gewisser erfassen wir, daß er alles übersteigt, was durch den Verstand erfaßt werden kann.»

Das war schwierig, und Katharina mußte es noch einmal lesen. «Es ist in der Sprache der philosophischen Methode formuliert, die man die scholastische nennt», erklärte sie, «und wenn man es einfacher ausdrücken will, heißt es, daß jede Anstrengung des Menschen hier auf Erden bald an ihre Grenzen stößt; aber es stachelt diese Anstrengung gleichzeitig aufs höchste an.» Nun ja – jedenfalls wußte jetzt jede Schwester, die sich nicht abschrecken ließ, daß es eine einfache Antwort auf die Frage nach der Gottessuche nicht gab.

Elsbeth hatte, wie immer bei solchen Lesungen, teils auf Katharinas Worte gehört, teils das Mienenspiel der Schwestern beobachtet. Als die Diskussion zu Ende war, meldete sie sich unerwartet zu Wort.

«Woher hat der Bruder Prediger die Wörter?» fragte sie.

«Welche Wörter?»

«Die du da eben gelesen hast. ‹Wesen› zum Beispiel, und – wie hieß das andere? ‹Verständnis.›»

«Die hat er für uns aus dem Lateinischen übersetzt», erklärte Katharina. «Das eine heißt ‹essentia› und das andere ‹intellectus›.»

«Warum hat er sie übersetzt?» wollte Elsbeth weiter wissen.

«Nun – weil von uns Frauen hier doch längst nicht alle soviel Latein können, daß sie diese Wörter verstehen würden. Du weißt doch noch, daß wir in unserem alten Spitalerinnenhaus auch immer schon deutsche Geschichten gelesen haben. Die waren freilich schon gleich auf deutsch geschrieben.»

«Und die hatten nicht so schwere Wörter», ergänzte Elsbeth. Sie dachte nach. «Ich meine auch etwas anderes: Über solche Sachen redet man doch sonst auf deutsch nicht. Was ist, wenn es so ein schweres Wort bei uns einmal einfach nicht gibt?»

«Dann muß der Bruder Nikolaus es erfinden – neu bilden, meine ich. Das kann man ja.»

Wieder versank Elsbeth in Gedanken. Die anderen warteten, wie sie es bei ihr gewohnt waren.

«Aber wenn die Brüder eigens für uns solche Wörter erfinden müssen», meldete sie sich schließlich wieder, «dann sind wir Frauen für die Wissenschaft doch sehr nützlich. Ohne uns gäbe es diese Wörter dann doch gar nicht auf deutsch!»

Als dem Bruder Nikolaus dieses Wort hinterbracht wurde, meinte er staunend, es seien doch immer schon die Einfältigen gewesen, die die wirklich klugen Dinge gesagt hätten.

Aber Katharinas Lesung hatte auch noch ein anderes Gespräch zur Folge.

«Bist du sicher, daß es wirklich so schwierig sein muß, Gott zu erfassen?» fragte Helwidis leise im Dormitorium. «Es muß doch noch einen anderen Weg geben, zu ihm zu gelangen; und wenn die Erkenntnis durch den Verstand zu schwer ist, dann müßte es doch immer noch den Weg über die Liebe geben; ich meine ein Streben nach einer Schau Gottes vom Herzen her, nach einer Vereinigung mit ihm – eben in seiner Liebe.»

«Da mußt du andere fragen», erwiderte Katharina zweifelnd. Doch Helwidis ließ sich nicht abweisen. «Weißt du –», sagte sie, «wir leben hier schon in so festen Mauern; nicht einmal Almuths Paradiesgärtlein dürfte ohne eine solche dichte Umschließung sein, obwohl doch die Blumen überall so wachsen dürfen, wie Gott sie wachsen läßt. Muß man sich da auch noch in die Mauern des Verstandes zwängen?»

«Die Männer tun es doch auch!» erwiderte Katharina; «sei dankbar, daß wir wenigstens einmal von gleich zu gleich behandelt werden!»

«Von gleich zu gleich?» fragte Helwidis – ausgerechnet Helwidis! – dagegen; «wir sind doch nicht gleich! Wir sind eingesperrt, und die Männer nicht!»

Wir leben dennoch anders als die Brüder: Die Klausur

«Die Männer sind nicht so eingesperrt wie wir!» Es war richtig: Die Brüder aus den Mönchskonventen waren zu gleicher Arbeit, zu gleicher Armut, zu gleicher Keuschheit und zu gleichem Gehorsam verpflichtet wie die Schwestern, und dennoch lebten sie anders. Das war nun oft genug zur Sprache gekommen, und doch empfanden die Schwestern es immer wieder von neuem. Zwar waren auch die Brüder an ihren Konvent gebunden, aber ihre Pflichten führten sie doch häufig in die Welt hinaus. Die Predigt, das Studium an auswärtigen Universitäten, Aufgaben im Dienste des Ordens erlaubten ihnen viele Kontakte, die den Frauen versagt waren. Die Brüder waren zwar an das neutestamentliche Gebot gebunden, nur zu zweit oder dritt zu gehen, aber die Einhaltung der Ordensgelübde, vor allem des Gebots der Keuschheit, war ihnen dabei weitgehend selbst anvertraut.

Für die Frauen dagegen galt, was schon Frau Regula in jenem lange zurückliegenden Gespräch mit Judith erklärt hatte. Das Gebot der vollständigen körperlichen Unberührtheit, der Jungfräulichkeit, war für sie nicht eines unter mehreren, sondern das Gebot schlechthin, es machte ganz einfach die Nonne aus. Deshalb hütete eine Frau mit ihrer Keuschheit einen ungleich größeren Schatz, als ein Mann ihn je besitzen konnte, und die Kirchenväter verglichen die Jungfräulichkeit mit den kostbarsten, teuersten und zerbrechlichsten Stoffen, die es gab. Eine Nonne, die gegen ihr Keuschheitsgelübde verstieß, mußte deshalb schon auf sehr gutwillige Vorgesetzte hoffen, wenn aus der Sache nicht eine Katastrophe werden sollte. Und weil auch die zuverlässigste Nonne einen Augenblick der Versuchung erleben und dieser erliegen konnte, beugte man eben vor und hielt die Klosterpforte verschlossen. Das war die Klausur.

So mußte sich das Leben der Schwestern innerhalb des Hauses erfüllen, und jeden Tag von neuem mußte der Sinn dieses Lebens deutlich werden. Selbst Katharina, selbst Helwidis, die doch ganz in ihren Arbeiten und Aufgaben aufgingen, waren darauf angewiesen, daß dieses Leben eine Mitte hatte.

Das war der Punkt, an dem Judith sich trotz aller Hilfe des Bruders Jakob überfordert fühlte. Es war eine dankbare Aufgabe, für einen großen Konvent eine Lebensform zu schaffen, aber es war nicht leicht, der immer rascher wachsenden Zahl von Frauen diese Lebensform stets mit einer solchen Selbstverständlichkeit vorzuleben, daß keine Frage mehr übrigblieb. Der Inhalt dieser Lebensform mußte für alle sinnfälliger und deutlicher gemacht werden.

Hier sprang nun Richenza ein. Als hätte sie genau hierauf gewartet, trat sie an Judiths Seite und ließ zum zweiten Mal das Senkblei alter Klosterweisheit in den suchenden, jungen Frauenkonvent gleiten.

Sie hörte eine Weile lang schweigend bei Katharinas Lesungen zu; dann nahm sie Verbindung mit dem Bruder Jakob auf. Sie stellte dem Prediger die gleiche Frage, die Katharina von Helwidis zu hören bekommen hatte, aber sie stellte sie genauer und mit einem bestimmten Hintergedanken.

«Es muß eine andere Möglichkeit des Einsseins mit Gott geben als nur den Weg über den Verstand», sagte sie direkt. «Ich respektiere den Scharfsinn der Traktate des Bruders Nikolaus und zweifle nicht, daß die gelehrten Brüder mit Gewinn auf so fein verästelten Pfaden wandern. Aber wir Frauen denken mit dem Herzen und nicht mit dem Verstand, für uns muß es andere Wege geben; die Liebe ist höher als die Vernunft.»

«Gewiß», stimmte der Prediger zu, «und wenn Ihr bei den Lesungen der Schwester Katharina anwesend wart, so werdet Ihr wissen, daß der Verstand nur ein Mittel sein kann, der liebenden Erkenntnis den Weg zu bahnen.»

«Und wenn mir das zu langwierig wäre? Wenn es für die meisten Schwestern im Hause auch viel zu schwer wäre? Wenn wir nichts anderes wollten, als aus Liebe zu Gott unser eigenes Streben, unseren eigenen Willen gänzlich preiszugeben? Ihn zunichte werden und ganz in der Liebe zu Gott aufgehen zu lassen? Wäre eine solche, aus Liebe zu Gott willenlos gewordene Seele nicht eins mit ihm und seiner Liebe?»

«Wenn Ihr das glaubtet», erwiderte Bruder Jakob ernsthaft, «dann wäret Ihr der Ketzerei verdächtig, und zwar genau jener Form der Ketzerei, der die leidenschaftlichen Beginen so hartnäckig anhängen. Von ihr darf nicht einmal ein Schatten ins Kloster hineinreichen.»

«Der Ketzerei? Und warum das?» fragte Richenza mehr erstaunt als erschrocken. «Hat in der Liebe zu Gott so etwas wie Ketzerei Raum?»

«O ja! Wenn Ihr nämlich glaubtet, es stünde in Eurer Macht, Euren Willen soweit auszulöschen, daß Ihr aus eigener Kraft zur Vereinigung mit Gott gelangen könntet. Wo bliebe da Gottes Gnade? Laßt Euch sagen: Wer Gott zu ungestüm lieben will, der ist am meisten gefährdet! Wer den Himmel stürmen will, pocht damit an die Pforten der Hölle.»

«Daran mag etwas sein», erwiderte Richenza nachdenklich. «Aber sagt uns, wie wir Gott dann lieben, wie wir anders beten sollen! Wenn es für uns schon keine Wege nach außen gibt, die unser Ungestüm ablenken könnten, dann müssen wir uns Wege nach innen suchen dürfen; Wege der Liebe. Denn die Gnade Gottes kann doch nicht als Last gemeint sein!»

«Seid Ihr da so sicher?» fragte der Prediger dagegen. Fast

konnte man seine Häßlichkeit über dem Lächeln vergessen, mit dem er das sagte. «Seid Ihr so sicher, daß Gottes Gnade nicht sogar zur Überlast werden kann? Aber ich weiß, was Ihr meint, und ich denke, ich kann Euch Wege weisen. Laßt Euch ein wenig von Eurem Drängen nach Gott hinweg und zu näheren Zielen hin lenken. Lernt Geduld, und lernt vor allem, Eure Gedanken auf den Wegen wandern zu lassen, die die Kirche Euch weist. Sagt mir einmal, welcher der Apostelfürsten Euch am liebsten ist!»

«Nun –», erwiderte Richenza, «auf diese Frage würde Euch die Priorin wohl den Apostel Petrus nennen, den die Kirche als den Felsen sieht, auf dem sie erbaut ist. Die Schwester Katharina dagegen würde den Apostel Paulus nennen, den großen Denker. Ich aber nenne Euch den Evangelisten Johannes.»

Bruder Jakob lachte: «In meines Vaters Haus sind viele Wohnungen ... Aber Eure Wahl hatte ich vorausgesehen. Der Evangelist Johannes war der Jünger, den Jesus liebte und der in der Liebe zu ihm aufging, so wie Ihr es tun möchtet. Er hat die gleiche Entsagung geübt, wie wir Ordensleute sie dem gleichen Herrn zuliebe gelobt haben. Wählt ihn Euch als geistigen Begleiter, folgt ihm als Eurem Beispiel nach; laßt ihn Euren Bundesgenossen sein! Begeht seine Festtage, macht Euch sein Evangelium zu eigen. Es ist unvergleichlich viel leichter, seinen Weg mit anderen zusammen zu gehen und sich von ihnen leiten zu lassen, als die Wüste allein zu durchqueren. Und unser Weg kann durch die Wüste führen.»

«Ihr seid klug!» sagte Richenza nach einigem Nachdenken. «Ihr wollt uns von dem Höhenflug unserer brennenden Wünsche ablenken und führt dazu vermittelnde Mächte ein.»

Der Dominikaner nickte. «Das wird Euch in der täglichen Disziplin des Kirchenglaubens festigen und Euch der Gefahr ketzerischer Schwärmerei entziehen», sagte er. «Aber es gibt ja noch eine andere, stärkere Kraft als die der Apostelfürsten, gerade für Euch Frauen. Wartet, bis ich das nächste Mal komme!»

Bei seinem nächsten Besuch brachte der Prediger eine Handschrift mit, in der er alle Stellen der Bibel und der Kirchenväter zusammengestellt hatte, die sich mit der Jungfrau Maria beschäftigten und dazu eine Reihe von Predigten namhafter Theologen zu ihren Festtagen im Kirchenjahr.

«Nehmt diese Texte zum Gegenstand Eurer Gespräche», sagte der Bruder Jakob; «aber laßt jede einzelne der Schwestern bestimmen, wieviel und welchen Teil davon sie für sich annehmen will. Mit den Marienfesten habt Ihr zugleich einen Leitfaden durch die Tage des Kirchenjahres, wie Ihr ihn zur Stetigung der Gemüter braucht, und eine Mitte Eures geistigen Lebens.»

Damit war wohlbedacht ein Weg gewiesen, der Übereifrige zügeln und Säumige anlocken konnte. Denn wer wollte sich der Schönheit entziehen, mit der die biblische Sprache in der Weihnachtsgeschichte von Verkündigung und Geburt erzählte? Wie ein Kranz von Rosen zogen sich fortan die Festtage der Jungfrau Maria durch das Jahr des Klosterlebens; wahrhaft ein Leitseil und zugleich ein Trost in Zeiten der Anfechtung, wenn die Mauern zu eng und die Tage zu düster waren und das Beten nicht leicht fallen wollte.

Freilich besaßen ohnehin nur wenige Schwestern die gedankliche Kraft, alle diese Eindrücke gleichmäßig und klar in Gebete zu verwandeln, von denen zu hoffen war, daß sie vor Gottes Thron Gewicht hatten. Vielleicht konnte es niemand außer Helwidis ganz; und auch diese hatte lange mit dem Bruder Jakob gesprochen und wohl auch gerungen, ehe sie sich seiner Forderung nach geistlicher Disziplin unterwarf. Es gab deshalb im Hause neben den hohen Formen des Betens auch viele schlichte. Wenn etwa eine Schwester – und keineswegs nur Elsbeth – ein «Ave Maria» nach dem anderen betete, bis sie hundert oder zweihundert oder gar fünfhundert wieder wie einen Kranz von Rosen oder wie Perlen an einer Kette aneinandergereiht hatte, dann konnte das auch eine Art sein, dunklen Tagen ein Licht zu geben.

Die neue Verehrung der Jungfrau Maria und des Evangelisten Johannes half mächtig zur Stetigung der Gemüter und zur Einbindung der Klostergemeinschaft in die Formen der Kirche. Jede der Schwestern machte sich freilich einen besonderen Teil dieser Verehrung zu eigen, so wie es der Prediger vorausgesagt hatte, und vor allem hatte jede eine andere Art, mit ihr umzugehen.

In der Klosterkirche gab es seit kurzem eine kleine Skulptur, ein

steinernes Bildwerk, das die Muttergottes mit dem Jesuskind auf ihrem Schoß zeigte. Es war eine schöne Darstellung, von einem Steinmetzen aus der Stadt gefertigt und von Almuths Eltern dem Kloster gestiftet. Diesem Bild und besonders dem Kind flüsterte Elsbeth bei jedem Vorbeigehen ein paar zärtliche Worte zu, und sie streichelte dabei die steinernen Füßchen des Kindes, als sei dieses lebendig. Andere taten es ihr nach, und daran war nichts Böses; denn wie sollte eine schlichte Nonne, die in der Welt ihres Klosters eingesponnen lebte, die Ferne des wirklichen Jesuskindes ermessen können? Gab es doch auch Frauen, die nur deswegen Latein lernten, damit Christus ihre Gebete wirklich verstand, und die nicht wußten oder bedachten, daß der lebende Jesus diese Sprache gar nicht gesprochen hatte. Elsbeths Wünsche und die anderer Schwestern überflogen Raum und Zeit; sie suchten die biblische Verkündigung in ihrer Alltagswelt und nahmen ganz einfach Bilder für Wirklichkeit. Auf diese Bilder übertrugen sie ihre Zuneigung und ihre Zärtlichkeit, und damit lösten sie die ständige Hochspannung ihrer Gefühle.

Es dauerte nicht lange, da versicherte Hedwig, sie habe die Muttergottes im Gewand der Dominikanerinnen beim Gesang des «Salve Regina» durch die Kirche gehen und sich vor den Schwestern verneigen sehen, und ihre Züge hätten denen des Altarbildes geglichen. Almuth schenkte die schönsten Namen, die eigentlich ihrem Lieblingsplatz vorbehalten waren, an die Jungfrau Maria weiter: «Garten der Wonnen», «süßester Duft», «blumengeschmückter Garten» oder «lieblich blühender Garten». Zu Weihnachten, als es im Garten keine Arbeit mehr gab, richtete sie dem Jesuskind ein Geburtskämmerchen ein – mit Wiege, Badebottich und Windeln; und weil das auch anderen gefiel, gab es alljährlich Krippenspiele mit dem Christuskindchen aus Lindenholz.

Um die Adventszeit, die ja auf das Ereignis von Bethlehem hinführte, mehrten sich überhaupt solche Erscheinungen. Immer wieder erschien die Gottesmutter dann einzelnen Nonnen, und Diemut berichtete, ihr habe sie eine Schnur geschenkt, die aus einem roten und einem grünen Seidenband geflochten gewesen sei. Das rote Band, so habe sie erklärt, bedeute die göttliche Natur Christi, das grüne dagegen seine menschliche; und in ihr, seiner Mutter, seien beide zusammengeflochten gewesen.

Wenn man schließlich Alheit Glauben schenken durfte, dann hatte die heilige Jungfrau kürzlich nach dem Gebet das Kindchen von ihrem Arm genommen und es ihr, Alheit, auf den Schoß gesetzt. Es habe gelacht und gestrampelt, und sie habe ein bißchen mit ihm spielen dürfen.

Kein Zweifel, die Gemeinschaft hatte eine Mitte gefunden. Dennoch oder vielleicht gerade deswegen hatte der Bruder Jakob keine leichte Arbeit. Denn die Verinnerlichung, die an die Stelle des ersten Ungestüms getreten war, barg ebenso ihre Gefahren. Es waren Dämme gebaut, um das Wasser zu stauen, aber nicht jedes tiefe Wasser war still.

Das Jesuskind spielt Ball

Nicht alle Schwestern waren gleichermaßen mit diesem neugeschenkten Gemeinschaftserlebnis ausgefüllt, so freudig sie es alle annahmen. Für manche war der innige Umgang mit der Gottesmutter zu hochgegriffen; für andere reichte er noch nicht aus. Für alle aber lag diese neue Erlebniswelt quer zu ihrer gewohnten.

Denn in den Alltag des Klosterlebens brachten alle Frauen den Alltag ihrer bisherigen Welt mit, und diese Welt war schon auf andere Weise belebt. In ihr wohnten die verschiedensten Gestalten aus den Märchen der Ammen und den Geschichten der Spinnstuben: gute und böse Geister aus Haus und Flur, viele aus vorzeitlichen Tagen überliefert. In diese alte Welt des Volkes hatten dann die Mächte des Christentums Einzug gehalten – Engel und Teufel waren neben Feen und Dämonen getreten. Hier gab es einen seit alters ausgetretenen Weg von der natürlichen zur übernatürlichen Welt, einen sehr anderen als den der Marienerscheinungen.

Das kam zunächst daher, daß es eine dunkle Welt war, in der die Menschen lebten, vor allem die einfachen unter ihnen. Wenn die Sonne untergegangen war und der Mond nicht schien, gab es für sie kein Licht außer dem des Herdfeuers oder eines Kienspans, eines Öl- oder Talglichts oder auch einer Kerze. Kerzen, Öl und Talg aber waren teuer, und so verbrachten die Armen den Winter weitgehend im Dunklen. Auf den Straßen und außerhalb der Ortschaften gab es nur das Licht, das jeder bei sich trug, und das reichte nicht weit. Da konnten sich Unholde aller Art gut verstecken – und niemand zweifelte daran, daß sie das auch taten!

Auch in einem Kloster war es ohne Sonnenlicht dunkel, wenn man dort auch die Öllampe im Lichtschacht zwischen nördlichem und westlichem Kreuzgang anzünden konnte, die den Weg vom Refektorium zur Küche erhellte und auch noch ins Obergeschoß drang. Für Kirche, Schreibstube und Werkraum konnten aus den Wachslieferungen der Lehnsgüter Kerzen gegossen werden, die die Schwestern auch in den Kreuzgängen der übrigen Flügel mit sich trugen. Aber was war schon eine einzige kleine flackernde Kerze in einem langen, dunklen steinernen Kreuzgang? Da half nur das Zeichen des Kreuzes weiter, das zur Abwehr feindlicher Mächte ständig geschlagen werden mußte; und wenn man es recht bedachte, dann waren ein kleines Licht und das Kreuz ohnehin die einzigen Waffen gegen die Mächte der Finsternis, und nicht nur im Kloster.

Es gab viele Arten der Zudringlichkeit, mit der böse Geister auch den frommsten Nonnen zusetzen konnten; besonders Teufel aller Erscheinungsformen waren darin geübt. Der Bruder Jakob wußte viele Geschichten von ihnen zu erzählen, und die kleinen Mädchen bettelten jedesmal darum. «Kennt ihr die Geschichte von dem Teufelchen auf dem Salatblatt?» fragte er dann etwa, und alle schüttelten den Kopf. «Nun, die erzählt uns der heilige Papst Gregor der Große selber, und sie lautet so: Eines Tages kam eine Schwester in den Klostergarten, und als sie einen schönen Salat sah, pflückte sie ein Blatt davon und aß es auf. Bald darauf bekam sie schlimme Magenschmerzen, und wißt ihr, warum? Weil auf dem Salatblatt ein Teufelchen gesessen hatte, und weil sie vergessen hatte, sich zu bekreuzigen. Da seht ihr, was von der Gedankenlosigkeit kommen kann!»

«Und was geschah dann?» fragten die Klosterschülerinnen atemlos.

«Dann mußte ein sehr angesehener und frommer Abt kommen und das Teufelchen beschwören, daß es herauskam. Es war sehr beleidigt und schrie immerzu: ‹Was hab ich denn getan, was hab ich denn getan? Ich saß da so für mich, und da kam die da und hat mich aufgefressen!› »

«Aber da hatte das Teufelchen doch recht!» sagte die kleine Anne, die Tochter der Frau Mechthild, aufgeregt; doch der Bruder Jakob schüttelte den Kopf.

«Ein Teufel hat nie recht», sagte er; «aber es war ein armes Teufelchen, das ist richtig. Meistens sind es überhaupt arme Teufel, und dumme noch dazu. Wollt ihr noch mehr von ihnen hören?» Und er erzählte ihnen, wie manche Teufel und Dämonen versuchten, sich in Gestalt von Mönchen oder gar Priestern einzuschleichen und sich dann verrieten, weil sie kein Latein konnten oder die Gebete falsch sagten.

«Aber wenn man selber nicht gut Latein kann», wollte ein anderes Kind wissen, «woran erkennt man sie dann?»

«Daran, daß sie stets rückwärts gehen müssen, damit man sie nicht von hinten sieht. Sie haben nämlich keinen Rücken, sie sind hohl. Und wenn du sicher gehen willst, dann sei klüger als die Nonne mit dem Salatblatt, sprich ein Vaterunser und schlage das Kreuz; dann muß jeder Teufel weichen.»

Aber solche Teufel konnten dennoch ein Schreck für die faulen Klosterzöglinge sein; sie standen manchmal in Gestalt riesiger Mohren oder auch als Bauern in dunklen Ecken des Kreuzgangs, sie brachten auch den Chorgesang durch falsches Intonieren durcheinander, aber sie hatten auch lustige Einfälle.

«Stellt euch vor», sagte der Bruder Jakob; «sie sammeln alle falsch ausgesprochenen oder verschluckten lateinischen Wörter während des Chorgesangs in Säcke ein!»

«Und?» fragte Anne erschrocken. «Zeigen sie den Sack dann der Schwester Richenza?»

«Ich weiß nicht», antwortete der Bruder Jakob vorsichtig; «aber die Schwester Richenza hat euch so gelobt; bei euch sind sicher gar keine Fehler im Sack drin!»

Ein wenig zwiespältig war den Kindern danach aber doch zumute. Wenn ein Teufel so leicht zu überlisten war, war er nicht schlimm, und wenn er wirklich gegen Christus immer verlor, konnte ja nichts passieren. Aber der Gedanke an einen riesigen Mohren im Kreuzgang war unbehaglich; er genügte, um die kleinen Mädchen abends brav in den Betten zu halten. Außerdem konnte man nicht wissen, ob die Schwester Richenza den Sack mit den Fehlern nicht doch zu sehen bekam; es war wohl besser, das nächste Mal beim Üben aufzupassen!

Aber wenn der Bruder Jakob das nächste Mal kam, war alles Unbehagen vergessen; dann bestürmten sie ihn um neue Geschichten.

Teufel und andere Dämonen hatten es außerdem an sich, daß sie nur von wirklich frommen Menschen gesehen werden konnten, was in der Geschichte mit dem Salatblatt sehr gegen die Nonne sprach. Es kam immer wieder vor, daß die eine oder andere Klosterfrau tugendhaft erklärte, sie habe beispielsweise auf der üppigen Schleppe einer weltlichen Kirchenbesucherin ganze Scharen von kleinen schwarzen Teufeln und Affen, Sinnbildern der Eitelkeit und Hoffahrt, herumtollen sehen; andere Schwestern dagegen mochten dann nicht recht zugeben, daß ihnen diese Erscheinung nicht zuteil geworden war.

Wenn freilich eine Nonne im Traum von einem greulichen Hund mit gefletschten Zähnen bedroht wurde, so war eine solche Teufelserscheinung gar nicht lustig, sondern beängstigend und beklemmend. Es gab sie in vielen Formen, und die Schwestern wurden vor allem in Zeiten strengen Fastens oder harter Bußübungen von ihnen heimgesucht. Sie fanden dann Schutz in der Kirche, in die ihnen die bösen Geister nicht gern folgten.

Um den Teufel sehen zu können, reichte in der Regel eine gute, solide Frömmigkeit aus. Denjenigen aber, die mehr für ihr Seelenheil taten oder aber den wahrhaft Einfältigen im Geiste, denen in der Bergpredigt das Himmelreich ja ausdrücklich verheißen war, offenbarten sich auch die guten Geister in körperlicher Gestalt.

Die Jungfrau Maria war bald vielen der Schwestern aufs liebreichste erschienen, und mit dem Jesuskindchen hatten inzwischen auch andere als Elsbeth und Alheit spielen dürfen. Solche Gnadenerweise waren bei manchen Anlässen mit einem eigenen Lob oder Dank für die betreffende Schwester verbunden, und zwar meistens dann, wenn niemand sonst im Kloster ein Lob oder einen Dank für nötig befunden hatte.

Manchmal kam der Christusknabe auch als ein hübsches Kind, das schon laufen konnte, zu einer der Schwestern, und dann konnte man es anfangs nicht von einem der Engel unterscheiden, die sich oft für kürzere oder längere Zeit zu einer der Schwestern gesellten, nur für sie selber sichtbar. Und immer trugen auch diese Erscheinungen die Züge der Steinfiguren und Bilder, die es in der Klosterkirche gab. Niemand brachte es freilich so weit wie Barbara, die eines Tages mit einem Korb voller Kohlköpfe zur Küche ging und der sich unterwegs das Jesuskind zugesellte. Es sah zu, wie sie für das Mittagessen Kohlballen formte und begann dann ein lustiges Ballspiel mit diesen Kugeln, bis es schließlich genug hatte und wieder verschwand. Das Seltsame und Wunderbare war dabei, daß die Kohlklöße zum Mittagessen fertig waren, als hätten sie die ganze Zeit über gekocht.

Neben dieser Geschichte verblaßte die von Gertrud, die einmal vergaß, den Stöpsel in das Weinfaß zurückzustecken, als sie eilig einen Becher Wein zu einer kranken Schwester bringen mußte. Als ihr das Versäumnis einfiel und sie erschrocken zurückeilte, war kein einziger Tropfen Wein ausgeflossen, so als sei das Faß fest zugestöpselt gewesen. Bei all diesen und vielen anderen Erscheinungen wurden die gebildeteren Schwestern manchmal einer lateinischen Anrede oder eines Bibelzitats gewürdigt, während die einfacheren mit den Gestalten ihrer Gesichte nur deutsch sprachen.

Es gab freilich eine ganze Reihe von Schwestern, die bei den Berichten über solche Wunder stumm blieben, und das waren gerade die, mit denen ein himmlischer Gast längere, kluge Gespräche, auch auf lateinisch, hätte führen können. Erfuhren sie etwa nicht die Gnade solcher Besuche? Oder wollte Gott den weniger Einfältigen, die über die Wege zu ihm so angestrengt nachdachten, diesen Weg schwer machen? Genügten ihm bei ihnen nicht die einfachen Erscheinungen für Augen, Ohren und Hände?

Katharina, Helwidis, Richenza, Mechthild, Magdalena, Almuth und noch andere verfielen ins Grübeln, wenn sie die Geschichten von Elsbeth und Barbara hörten. Selbstzweifel regten sich, von der steigenden Intensität des geistlichen Lebens im Hause genährt. Waren ihre Arbeiten denn nicht gottwohlgefällig? Die betroffenen Schwestern verdoppelten ihren Eifer. Hielten sie die Buß- und Fastengebote nicht streng genug ein? Sie nahmen nun die körperliche Selbstzüchtigung, die Kasteiung, noch ernster, als die meisten von ihnen es ohnehin getan hatten. Nicht nur Essen und Trinken wurden auf das Notwendigste beschränkt, auch Wärme und Schlaf galten ihnen jetzt als überflüssig. Helwidis griff sogar zu dem alten Instrument der Büßer, zur Geißel, und schlug sich unbarmherzig. Sein Blut zur Ehre Gottes zu vergießen, war ja seit den Zeiten der Märtyrer ein gottwohlgefälliges Tun. Hier freilich griff Judith in Absprache mit dem Bruder Jakob ein; die Überwachung der geistlichen Disziplin oblag der Priorin, und Helwidis mußte sich, wenn auch widerwillig, in ihrer Selbstabtötung mäßigen.

Nach diesem Zweifel an sich selbst kam der Zweifel an Gott. Ausgerechnet die gewissenhafte Mechthild, die keine Frühmette versäumte und meist bis zur Prim in der Kirche blieb, hörte in der dunklen Kirche eine Stimme, die ihr sagte, sie werde die ewige Seligkeit niemals erlangen; Gott habe sie für die Hölle bestimmt, weil alle ihre Mühe immer noch nicht genüge. Richenza erschien ein freundlicher Mann, der sie fragte, ob Gott denn wirklich gut und nicht vielmehr böse sei, weil er ja Adam und Eva verlassen und preisgegeben und den Engel Luzifer eigens zum Gestürztwerden geschaffen habe. Hatte Gott am Ende gar nicht eine solche Natur, wie die Kirche es lehrte? So fragte der Mann, der natürlich ein Teufel war, und diesmal gewiß kein dummer. Und eines Nachts war es Richenza, als stürze das ganze Kloster auf sie, und sie selbst werde in ihrem Bett an einem Strick hochgezogen und herumgewirbelt über Land und Meer. Als sie wieder zu sich kam, mußte sie erst ihre Hände und Füße betasten, um sicher zu sein, daß sie noch lebte. Als Magdalena einmal, von der Arbeit ermüdet, um einen Becher Wein bat, wurde sie von einer harten Hand durch Estrich und Diele hindurch in den Keller gezerrt. «Ich will dich ebenso keltern wie den Wein in diesem Faß!» sprach eine laute Stimme. Zu Tode erschrocken, rührte Magdalena nie mehr einen Tropfen Wein an.

Katharina wiederum wurde auf eine Heide entrückt, auf der ihr die Höllenstrafen der Sünder, der geistlichen wie der weltlichen, gezeigt wurden, und sie mußte nach anderen Offenbarungen auch diese erfahren, daß ihr Geist von ihrem Körper getrennt wurde. Die Folge dieser Vision war eine wochenlange, schwere Krankheit, der Ursula nicht mit Kräutern, sondern nur durch aufopferndes Wachen am Bett Herr wurde. Es habe so entsetzlich weh getan, als Geist und Körper wieder vereinigt worden seien, berichtete Katharina und vertraute Ursula gleich noch ein anderes Traumgesicht an: Christus sei ihr mit doppeltem Antlitz erschienen und habe ihr bedeutet, einer der beiden Köpfe sei in Wahrheit der des Teufels; sie werde deshalb hinfort nicht mehr unterscheiden können, ob sie von diesem geistlich gequält oder von ihm selber getröstet werde.

Arme Katharina! War das der Preis für zuviel theologische Wißbegier? Durfte man dagegen nicht aufbegehren und auf den Ernst verweisen, mit dem man seine Arbeit tat? Auf die Redlichkeit, mit der man sich um Erkenntnis mühte?

Nein, man durfte es nicht, und falls sie eine Warnung gebraucht hätte, erfuhr Katharina ihre einzige schlichtere Erscheinung gerade in dieser Frage: Sie sah, wie Christus im Refektorium des Klosters eingekehrt war und dort mit Mechthild, Magdalena, Diemut und Elsbeth am Tische saß. Nur sie selber stand draußen, durch eine gläserne Wand oder vielleicht auch durch eine Wand aus Eis von ihnen getrennt. Aber sie konnte hören, was drinnen gesprochen wurde. «Warum darf Katharina nicht herein?» fragte Elsbeth, und Jesus antwortete: «Weil sie nicht gehorsam ist. Die Wand zwischen uns und ihr ist ihr Eigensinn.»

Sie hätte es ja wissen können, geschult wie sie war: Gehorsam war nicht nur Respekt vor den Geboten der Priorin; Gehorsam hieß vielmehr vollständige Selbstverleugnung. Wer sie nicht übte, war eigensinnig und stand draußen.

Helwidis erfuhr eine Kreuzesvision: Sie stand mit Jesus unter dem Kreuz und sah in vier verschiedenen Bildern, wie einmal sie ihn stützen und halten durfte, während ein andermal er sie aufrichtete und zu sich zog; in einer eigenen Erklärung wurde ihr danach die vollständige Vereinigung ihrer Seele mit Gott verheißen. Aber der Preis dafür war ein monatelanges, schmerzhaftes Siechtum, das dieser Vision folgte.

Als Judith von ihr erfuhr, kam ihr der lang zurückliegende Tag in den Sinn, an dem Helwidis das Blut des verunglückten Kindes nicht aus dem Rock hatte waschen wollen und von Frau Regula wegen ihrer Anmaßung gestraft worden war. Sie besprach sich mit dem Beichtvater, aber dieser wehrte ab. «Hier ist ein langer Weg in strengster Disziplin zurückgelegt worden», sagte er, «da bin ich sicher. Ein Weg in die unmittelbare Nähe Gottes.»

Von Magdalena erfuhr Judith ein anderes Gesicht, das Helwidis zuteil geworden war: In einem dichten Nebel hatte ein winziges Sternlein geleuchtet und allmählich den ganzen Nebel verdrängt, wiewohl es ganz klein geblieben war. Dieses Sternlein, so hatte Helwidis jemanden erklären hören, sei die menschliche Demut, und sie schütze vor dem Nebel der Irrwege und Selbstüberhebung. So hatte Helwidis also einen Weg zu Gott gewiesen bekommen, der weder den Verästelungen des Denkens noch dem Sturmlauf des eigenen Willens folgte – den Weg, den sich alle wünschten.

Am leichtesten kam Almuth davon. Sie wurde vom Erdboden aufgehoben und schwebte, leicht wie das Licht, einem hohen Berg entgegen. Diesen Berg mußten alle Menschen erklimmen, und sie sah, wie die meisten sich mit irdischen Lasten schwer beladen fast auf allen Vieren an seinem Fuße abmühten, während andere mit leichterem Gepäck doch immer noch mühsam genug weiter oben kletterten. Die Gipfelregion stand nur sündenlosen Erdenbürgern ohne jeden irdischen Ballast offen, und einige wenige, wie sie selbst, wurden durch die Lüfte auf die Spitze des Berges getragen. Almuth war es nicht recht, daß ihr diese Bevorzugung widerfahren sollte, und sie vertraute Katharina und Alheit ihr Gesicht nur widerstrebend zur Niederschrift an. Aber das ging auch anderen so; viele offenbarten ihre Gesichte entweder gar nicht oder erst auf einem Krankenlager oder dem Sterbebett.

Diese Visionen und Traumgesichte, die dem höchsten Grad der visionären Schau angehörten, die man auch die mystische nannte, hatten manches gemeinsam: Sie entrückten die Schwestern, denen sie zuteil wurden, für längere oder kürzere Zeit aus dem Kloster, und sie führten nach einer Reihe oft schmerzhafter Erfahrungen und Offenbarungen zur visionären Erkenntnis Gottes und zur Verheißung der ewigen Seligkeit. Während der Zeit dieser Gesichte lagen die Schwestern wie leblos auf ihren Betten, und nach dem Ende verfielen sie fast immer in schwere Krankheiten. Aber keine verlor mehr ganz die gelassene Freiheit Gottes, die Sicherheit seiner Verheißung.

Es schien, als seien nur zwei der Schwestern von diesen Gesichten ausgenommen: die eine war Ursula und die andere war Judith selbst. Ursula schien das nicht zu bemerken; sie wachte an den Betten der Entrückten und der Zurückgekehrten und heilte, was sich mit ihren Mitteln heilen ließ. Und falls ihr dabei noch weitere Schrecknisse und Seligkeiten der Visionen mitgeteilt wurden, verschloß sie sie in sich. Vielleicht war Ursula die einzige, die in den zahllosen Gnaden, die das Kloster mit diesen Visionen erfuhr, auch eine Last, ja die Überlast erkannte, von der der Bruder Jakob gesprochen hatte.

Judith dagegen hätte sich wohl eine einzige Ermutigung der Art gewünscht, wie die Gefährtinnen sie erfuhren; aber es wurde ihr keine zuteil. Nur ein einziges Mal, als sie sich, müde von der Arbeit eines langen Tages, auf ihren Platz im Chorgestühl hatte fallen lassen, war es ihr, als rühre eine Hand an ihre Schulter und wiese auf die Muttergottes und das Kind am Altar. Und im flackernden Licht der Kerzen kam es ihr so vor, als lächelten beide. Doch als sie sich erhob und zögernd die Hand ausstreckte, waren die steinernen Füßchen kalt.

Wege im Licht

Doch so verschieden die Erlebnisse der Frauen auch sein mochten, ihnen allen war das Ziel gemeinsam; der Weg zu Gott, die Liebe zu ihm. So blieb das innere Licht, das die erste Gruppe der Schwestern am Tag ihrer Weihe durchflutet hatte, stets bei ihnen. Es war Sinnbild und Ausdruck dieser Liebe; in ihm liefen die Wege, die gefunden werden mußten.

Auch das Licht konnte man verschieden erfahren. Es war natürlich vor allem das Licht des Tages: das Morgenrot am Ende einer langen Nacht, die Helligkeit, die aus einer weichenden Wolkenwand brach, das Sonnenlicht eines schönen Sommertages. Von diesem Licht galt es möglichst viel in die Räume des täglichen Lebens, vor allem aber in die geweihten Räume zu retten, wenn es draußen verschwand. Deshalb stattete man die Kirchen und Kapellen so reich man konnte mit Gold, Edelsteinen und Halbedelsteinen aus; und man holte damit nicht nur deren Wert zu sich herein, sondern auch ihr Aufleuchten und Blitzen im Schein der Kerzen oder eines letzten Lichtstrahls von draußen. Wenn das Gold der Altargeräte schimmerte und die Steine der Reliquienschreine oder die Malereien auf dem Glas der Kirchenfenster das Licht brachen und in ihm funkelten, dann war das Sonnenlicht eingefangen und sogar noch auf geheimnisvolle Weise erhöht.

So war es kein Wunder, daß in allen Gesichten der Schwestern das Licht die erste Rolle spielte. Licht lag um die Häupter und Hände der Gestalten, die ihnen erschienen; für sie ging von der Oblate des Abendmahls ein blutroter Schein aus, ja, der Arm des Priesters, der die Messe zelebrierte, konnte bis zum Ellbogen hinauf leuchten. Über seiner Hand konnte ein leuchtendes Kreuz stehen und ihren Bewegungen folgen; zu Häupten kranker Schwestern sahen andere leuchtende Rosen; ihr Duft, den sie gleichfalls wahrnahmen, vertrieb die Ausdünstungen der Krankheit. Es gab das Leuchten des Blutes Christi, das wie Feuer aus seinen Kreuzeswunden brach; in diesem Feuer wäre Helwidis einmal fast verbrannt. Dieses Feuer lockte die Seelen der Menschen zur Vereinigung mit ihm; und natürlich brannte und leuchtete auch das Herz Christi. Es war unmöglich, so versicherten alle, die dieses Feuer geschaut hatten, seine Helligkeit mit Worten zu beschreiben; selbst die Sonne war schon kein Maßstab mehr dafür. Es konnte in drei einander berührende Feuerkreise – ein Zeichen der Dreieinigkeit – auseinandergleiten, aber wenn es sich dann wieder zusammenzog, dann blieb stets ein sonnenhelles Fünklein übrig: das Seelenfünklein, das der Ausgangspunkt jedes menschlichen Weges zu Gott war.

Es gab aber auch das Licht, das klar und kristallen war, und in dem alles, worauf es fiel, durchscheinend und schwerelos wurde. Mehr als einmal berichteten Schwestern, sie hätten beim Beten die eine oder andere unter ihnen sich in einem Lichtstrahl ein wenig vom Boden erheben und zu klarer Durchsichtigkeit gerinnen sehen. Es waren wiederum meist Schwestern wie Almuth, denen ein solches Zeugnis ihrer Makellosigkeit zuteil wurde. Eine kurze Erscheinung dieser Art hatte auch Judith einmal: Sie sah Magdalena – ausgerechnet Magdalena! – am Altar in einem Sonnenstrahl förmlich zerfließen und wahr und wahrhaftig über dem Estrich schweben. Nur einen Augenblick lang sah sie es – dann kniete Magdalena neben den anderen, und das Licht umfloß nur noch ihren gesenkten Kopf.

Dieses Licht, dessen Milde sich wiederum jeder Beschreibung durch Worte entzog, ging von Gott aus. Es war sein Wesen, und es war eine Brücke zu ihm, die ohne Furcht betreten werden durfte. Es gab viele Wege in diesem Licht; der von Richenza lief anders als der von Helwidis und dieser wieder verschieden von anderen. Manche

liefen über Stufen; bei jeder neuen Stufe blieb etwas von der irdischen Sündenlast der Wandernden zurück, wurde der Blick auf Gott deutlicher. Andere führten durch eine Wüste, aber wenn man sich auf ihnen verirrte, rief Gott einen zurück. Manchmal glich das Licht einem Meer, aber wenn man in ihm unterging, sank man in Gott hinein. Raum, Zeit und gebahnte Pfade blieben auf den Wegen in diesem Licht zurück; es war die Liebe und die Wahrheit selber.

In dieses Licht, dessen waren sich alle Schwestern gewiß, würden sie im Augenblick ihres Todes für immer und endlich ohne Rückkehr zur Erde eintauchen. Aber ehe es so weit war, kam der mühseligste Teil des irdischen Weges, kamen Krankheit und Tod. Die Nonnen wußten das, denn es gab kaum eine Verheißung der ewigen Seligkeit ohne die gleichzeitige Ankündigung eines schweren Sterbens, und dieses jedenfalls traf ein.

Es war kein Wunder, daß Nonnen mühselig starben. In den kalten Räumen und bei dem dauernden Gehen und Knien auf Steinfliesen, bei der kargen Ernährung und dem ständig verkürzten Schlaf setzten Alterskrankheiten aller Art vorzeitig ein und mündeten häufig in ein frühes, schmerzhaftes Siechtum. Dazu kam die Zerrüttung der Gesundheit durch die kräftezehrenden Visionen. Ursulas Mittel vermochten hier höchstens zu lindern. Sie fanden ihre Grenze ohnehin an der Entschlossenheit der meisten Schwestern, von der strengen Askese bis zuletzt nicht zu lassen – ja, gerade zuletzt nicht. Denn wenn das Ziel zum Greifen nahe war, sollte man es dann noch aufs Spiel setzen? Im Gegenteil: je schneller es nun mit dem irdischen Leben zu Ende ging, desto besser; am Kreuz über dem Bett konnte sich ja der Blick der Sterbenden festhalten. So wiederholte sich der gleiche Eintrag von Katharinas Hand im Nonnenbuch immer wieder: «Sie hatte einen strengen Tod.»

Im Laufe der Jahre starben viele der älteren Schwestern. Frau Dörthe hatte schon bald ihren Platz unter den Fliesen des Kreuzgangs neben der alten Agnes gefunden; andere, die schon in vorgerücktem Alter eingetreten waren, folgten ihr. Die erste aber, die von den ehemals jungen Spitalerinnen ging, war Helwidis. Ihre Gesundheit war seit langem untergraben; nicht umsonst hatte der Bruder Jakob von dem langen Weg gesprochen, den sie zurückgelegt hatte.

Als es soweit war, ließ sie Judith rufen.

«Ich darf nun gehen», sagte sie; «Gottlob! Erinnerst du dich noch, wie wir uns zum ersten Mal trafen? Bald werde ich wissen, ob ich meinen Brüdern habe helfen können, und dem – wie hieß er? Georg? Verzeih, daß ich den Namen vergessen habe; aber das ist so lange her, und ich habe seither so unendlich viel gesehen und erlebt!»

Sie schöpfte Atem und fuhr dann fort: «Was meinst du, ist die beste Zeit zum Sterben? Wann stört es die anderen am wenigsten, das Totenglöckchen?»

Judith lächelte, obwohl ihr nach Weinen zumute war. »Nachts erschrecken die Schwestern am meisten, wenn es läutet, das weißt du ja. Warum fragst du?»

«Weil ich niemanden mit meinem Sterben stören oder erschrekken will. Es ist gut; laß die Schwestern heute abend für die Sterbegebete zu mir kommen und ruf den Bruder Jakob für die letzte Wegzehrung; heute nacht werden dann alle ruhig schlafen können. Ich möchte nur Ursula bei mir haben. Ich brauche sie, und sie hat mir schon lange versprochen, da zu sein, wenn es soweit ist.»

Judith nickte.

Am anderen Morgen, als eben die Messe zu Ende gegangen war und die Schwestern ohnehin auf den Beinen waren, läutete das Totenglöckchen. Auf Helwidis' Gesicht lag das Licht, das sie im Hinübergehen gesehen haben mußte. Aber als Judith sich über sie beugte, erkannte sie auch wieder etwas von dem Mädchen, das einmal gesagt hatte: «Ich bringe mich selber ein, und das ist mehr als jede Mitgift!»

Wie «richtig» ist das alles?

Am Ende eines Buches über ein Thema des Mittelalters stellt sich vielleicht die Frage, wie «richtig» denn das alles sei, was da beschrieben wird.

Beantworten wir sie zunächst für die Gestalten dieses Buches: Keine von ihnen hat wirklich gelebt; auch ihre Unterhaltungen sind deshalb erfunden. Aber sie sind nicht ganz frei erfunden, sondern sie folgen zeitgenössischen Quellen.

Dem Haus, in dem die Schwestern leben, liegen die Baulichkeiten des ehemaligen Dominikanerinnenklosters, des heutigen Reichsstadtmuseums, in Rothenburg ob der Tauber zugrunde, dessen Gründungs- und Baugeschichte freilich anders verlief. Die Gesichte und Erscheinungen des vierten Teils sind dagegen den Nonnenbüchern schweizerischer und süddeutscher Klöster entnommen und um gut fünfzig Jahre vordatiert. Die Gruselgeschichten über Teufel in Mohrengestalt und andere hat der Zisterziensermönch Cäsarius von Heisterbach gesammelt. Den Predigten und Traktaten des Bruders Bertram liegen die des Franziskanermönchs Berthold von Regensburg zugrunde; der würde sich zwar im Grabe umdrehen, wenn er sich in einem Dominikanerkloster wiederfände; aber der Geist der verschiedenen frühen Bettelorden hatte soviel Gemeinsames, daß die Übernahme erlaubt schien.

Aber das ist nur ein Teil der Antwort; der andere muß der seltsamen Zeit gelten, die wir das Mittelalter nennen. Sie ist uns einerseits *ganz nahe:* denn fast alle unsere Städte, Dörfer und die Flurnamen, unsere Zunftgebräuche, Sprichwörter, Redensarten und vor allem unsere Märchen, viele unserer Weihnachts- und Kinderlieder, ja unserer Kochrezepte stammen aus dem Mittelalter. Andererseits ist uns die Zeit der Kathedralen und Klöster *ferner als manche Epoche, die sogar weiter zurückliegt;* denn wir sind vor allem von ihrer Religiosität durch Renaissance, Reformation, Aufklärung und neuzeitliche Philosophie und Naturwissenschaft getrennt.

Statt vieler Erklärungen soll dazu hier eine weitere Geschichte aus dem Umkreis der Nonnenbüchlein erzählt werden, auch wenn es keine schöne Geschichte ist:

Einer jungen Frau starb ihr Gemahl, und weil er als gewalttätiger Raubritter mit dem Kirchenbann belegt worden war, konnte er nicht kirchlich beerdigt werden (und eine andere Art von Begräbnis gab es damals nicht). So ließ die junge Frau den Sarg in die Halle der Burg stellen, setzte sich neben ihn und weinte. Sie saß dort so lange, bis aus dem hölzernen Sarg die Würmer zu kriechen begannen. Da kam ein freundlicher Geistlicher und überredete sie, in ein Kloster einzutreten und dort für das Seelenheil ihres Gemahls zu beten; damit nütze sie ihm mehr als mit der Trauer an seinem Sarg. So geschah es; die junge Frau wurde Nonne und betete fleißig.

Wir wissen nicht, wie die Geschichte weiterging, aber wir können es aus ähnlichen Geschichten erschließen. Vielleicht erschien eines Tages, nach langer Zeit, der verstorbene Ritter seiner Frau – oder dem Geistlichen oder gleich dem Bischof – im Traum und teilte mit, er sei durch das unablässige Gebet seiner Gemahlin aus dem Fegefeuer erlöst; seine Seele sei gerettet. Diese Erscheinung hätte, vielleicht erst nach mehrmaliger Wiederholung, einen innerkirchlichen Prozeß in Gang gesetzt und schließlich zur Bestattung des Ritters geführt. Es wäre auch denkbar, daß statt des Traumgesichts ein Gnadenerweis vom Papst gekommen wäre: aufgrund der großen Gebetstreue der Hinterbliebenen und angesichts der frommen Stiftungswilligkeit einflußreicher Verwandter sei der Bann gelöst und die Bestattung freigegeben.

Wie auch immer, uns will an dieser Geschichte *fast alles fremd* erscheinen – von der Verweigerung der Beerdigung (gegen die keine weltliche Behörde, etwa aus sanitären Gründen, Einspruch erhob) über die Ergebenheit der jungen Witwe (von der kein Zeichen des Ekels, des Schocks oder des Willens der Umkehr zum Leben überliefert ist) und die Methode, mit der man die Lage zu retten hoffte, bis zu dem Preis dafür: dem ganzen weiteren Leben einer jungen Frau. Nachvollziehbar ist uns nur das Motiv der Treue über den Tod hinaus; aber es tritt hier hinter dem Drang nach Wiederherstellung einer verletzten Norm zurück.

Es lohnt sich, diese Geschichte im Kopf zu behalten, wenn man fragt, wie «richtig» das Mittelalter dargestellt werden kann. Ohne einen Rest Fremdheit wird es dabei niemals abgehen. Alle Menschen von damals wenden sich dem heutigen Leser nur zu einem Teil zu; zum anderen verharren sie in ihrer Welt.

Ihre Welt ist nicht zuletzt die ihrer Bilder, Vorbilder und Ziele. Wer keine anderen als biblische Darstellungen kennt, wird auch in seinen Visionen keine anderen sehen; wer von klein auf Heilige als freundliche Helfer betrachtet, wird sich in den Nöten seiner Gesichte an sie klammern; wer vor allem nur die Wahl zwischen Himmel und Hölle hat – mit dem Fegefeuer als Aufnahmestation –, wird nicht von Alternativen träumen, sondern von der Bezwingung des Weges zum Himmel. Wenn wir deshalb auf die Traumgesichte jener Zeit mit Abwehr oder Lächeln reagieren, so tun wir den Menschen von damals unrecht.

Das heißt nicht, daß wir nicht gerade dem Nonnenleben des Mittelalters mit Aufmerksamkeit begegnen könnten, im Gegenteil. Frauenleben verschiedener Zeitalter sind einander stets ähnlicher als die der dazugehörigen Männer, weil ihre Erfahrungswelten bis vor kurzem weitgehend vorgegeben waren. Nonnengeschichte ist mindestens ebensosehr Frauen- und Gesellschaftsgeschichte wie Kirchen- und Religionsgeschichte. So können wir die Gestalten dieser Erzählung ein gutes Stück weit ganz unbefangen begleiten, und auch da, wo sie uns fremd werden, sollte ihnen noch *unsere Sympathie* gehören.

KLEINES LEXIKON DER KLÖSTER UND ORDEN

Zur Veranschaulichung des Themas «Klosterleben im Mittelalter» werden hier einige der unübersehbar vielen Klöster des deutschsprachigen Gebietes vorgestellt, dazu die historisch wichtigsten Abteien außerhalb dieses Raumes. Zudem gibt dieses kleine Lexikon kurz über die bekanntesten Orden des Mittelalters Auskunft.

Augustiner-Chorherren und -Chorfrauen: Diese Angehörigen adliger Stifte folgten der Augustinerregel. Sie standen mit ihrer Lebensform ungefähr in der Mitte zwischen den in der Welt wirkenden Geistlichen und den Mönchen und Nonnen eines Klosters.

Banz: Die (ehemalige) Benediktinerabtei in Oberfranken ist ebenso wie Neresheim auf der Schwäbischen Alb und viele andere Gründungen beispielhaft für die Gepflogenheit der Benediktiner, ihre Klöster möglichst in luftigen Höhen anzulegen, wo die Mönche ungestört dem Gebet und der Arbeit nachgehen konnten. Beide Abteien haben in der Barockzeit baugeschichtlich bedeutende Erneuerungen erfahren. Neresheim ist heute wieder mit Benediktinern besetzt.

Beginen: Die Armuts- und Frömmigkeitsbewegung des 12. und 13. Jh. wurde sehr stark von Frauen getragen. Beginen waren Frauen, die sich damals zu Gemeinschaften mit halb weltlichem und halb klösterlichem Leben zusammenschlossen. Die Beginen lehnten sich an die Kirche an, wurden aber trotzdem mehrmals schwer als Ketzerinnen verfolgt. In Norddeutschland und am Niederrhein sind noch viele alte Beginenhöfe zu sehen. Eine männliche Entsprechung waren die Gemeinschaften der Begharden.

Benediktinerorden: Dieser älteste Orden der westlichen Christenheit wurde um 530 von Benedikt von Nursia, dem «Vater des abendländischen Mönchtums», in Monte Cassino gegründet. Die berühmte «Regula» des heiligen Benedikt schrieb den Mönchen des Ordens außer den allgemeinen Klostergelübden von Armut, Keuschheit und Gehorsam auch ein gemeinsames Leben in Gebet und Arbeit, Ortsfestigkeit im Umkreis ihres eigenen Klosters, Gemeinsamkeit allen Besitzes und Unterordnung unter ihren Abt vor. Ihr Habit (Ordensgewand) ist schwarz. Die Schwester des heiligen Benedikt, Scholastika, gilt als Mutter der Benediktinerinnen. Eine bedeutende Benediktinerin war die heilige Hildegard von Bingen, die von ihrem Kloster

Rupertsberg aus mit vielen wichtigen Zeitgenossen korrespondierte. Aus ihrem Briefwechsel mit der Nonne Tenxwinth vom Kloster Andernach stammt der Vergleich sozialer Schichten mit verschiedenen Tierarten.

Birgittenorden: Die schwedische Mystikerin Birgitta gründete um 1346 den ersten weiblichen Orden. Den Nonnen standen eigene Mönchsgemeinschaften zur Betreuung zur Seite; beide lebten getrennt voneinander in Doppelklöstern unter der Leitung einer Äbtissin.

Chorin und Lehnin: Diese Klöster in der Mark Brandenburg gehören zu den vielen meist ländlich gelegenen Zisterzienserabteien im mittel- und osteuropäischen Rodungsgebiet. Sie wurden meist in der Reformationszeit aufgehoben oder in weltliche Stifte umgewandelt. Von Chorin steht nur noch die schöne Klosterkirche; das gleiche gilt für die Abtei Doberan (Mecklenburg) sowie für die Kirche der Prämonstratenser-Abtei Jerichow (Sachsen).

Cluny: Das große Reformkloster, von dem im 10. Jh. der Anstoß zur Kirchenreform des 11. Jh. ausging, zur sogenannten cluniazensischen Reform. Cluny liegt in Burgund, wurde 909 von Wilhelm von Aquitanien gegründet und mit Benediktinermönchen besetzt. Es gehörte auf seinem Höhepunkt zu den gewaltigsten Klosteranlagen Europas; seine Äbte waren mit Kaisern und Königen befreundet. Abt Odilo lehnte es ab, Papst zu werden, weil er von Cluny aus mehr für die Reinheit der Kirche, für die Freiheit der Klöster von königlicher und bischöflicher Bevormundung und nicht zuletzt für die strenge Klosterzucht tun konnte, die die Grundlage der Reform war. Von Cluny ging das künftige benediktinische Prinzip des Klosterverbandes, der Kongregation aus. Die Abtei wurde in der Französischen Revolution zerstört. – Reformklöster von ebenfalls großer Wirkung waren Gorze in Lothringen und Hirsau im Schwarzwald.

Corvey: Die Benediktinerabtei an der Weser wurde zur Karolingerzeit vom französischen Corbie aus gegründet und hat ihrerseits missionarisch über weite Räume gewirkt (etwa nach Hamburg/Bremen sowie Prag: der Prager Veitsdom ist von Corvey aus gegründet worden). Die Reichsabtei war zur Ottonenzeit Vermittlerin des herrscherlichen Selbstverständnisses; das erhaltene karolingische Westwerk der Klosterkirche gibt eine Vorstellung von der damaligen Gerichts- und Verwaltungspraxis. Die heutige Schloßanlage gehört dem Barock an.

Deutscher Ritterorden: Er wurde wie die anderen großen Ritterorden der Templer und Johanniter während der Kreuzzüge gegründet. Seine Mitglieder vereinigten Mönchsgelübde und Ritterpflichten und widmeten sich sowohl der Krankenpflege wie dem Kampf gegen Ungläubige. Der Deutsche Ritterorden wurde nach dem Ende der Kreuzzüge unter seinem Hochmeister Hermann von Salza zur Eroberung des ostpreußischen Pruzzenlandes eingesetzt; er behielt aber seine Besitzungen und Spitäler in vielen deutschen Städten und spielte in ihnen eine große Rolle. Ein reiner Spitalorden war dagegen der Orden vom Heiligen Grabe in Jerusalem, der auch einen weiblichen Zweig hatte.

Dominikanerorden: Dieser Orden heißt nach seiner Haupttätigkeit auch Predigerorden; er wurde zur Volkspredigt und Ketzerbekämpfung 1215/17 von Domingo Guzmán aus Katalonien in Toulouse gegründet. Der Predigerorden ist einer der am straffsten organisierten und geistig beweglichsten Orden des Mittelalters. Viele berühmte Gelehrte dieser Zeit waren Dominikaner (Thomas von Aquin, Albertus Magnus); auch der große Mystiker Meister Eckhart gehörte diesem Orden an. Dominikus richtete von Anfang an Frauenklöster ein; nach einer Phase der Ablehnung besaß der Orden am Ende des 13. Jh. mit Abstand die meisten Frauenklöster im deutschsprachigen Raum, darunter viele frühere Beginenhäuser. Die Tracht des Ordens ist ein weißes Habit mit schwarzem Mantel; der Schleier der Frauen ist schwarz.

Dominikanerklöster: Da die Dominikaner ein städtischer Orden mit wenigstens einem Kloster in jeder größeren Stadt waren, verloren viele ihrer Häuser mit der Reformation, die sich vor allem in den Städten durchsetzte, ihre Bestimmung; die Klosterkirchen haben sich dabei häufig als Stadtkirchen erhalten. In Köln, dem Hauptort der Dominikaner in Deutschland mit Sitz des Ordensprovinzials, hatte auch das Generalstudium des Ordens seinen Ort; aus ihm ging eine frühe Stadtuniversität hervor.

Dominikanerinnenklöster: Sie teilten das Schicksal der Mönchsklöster. Da sie aber reicher waren als diese, wurde ihr oft beträchtlicher Baubestand zu wertvollem städtischem Besitz. Ehemalige Dominikanerinnenklöster sind heute häufig Altersheime wie Katharinenthal oder Museen wie in Pirna (Sachsen) und Rothenburg ob der Tauber, dessen Bau in großen Zügen unserer Erzählung zugrundeliegt. Köln, Straßburg, Basel und weitere große Städte verfügten über mehrere Dominikanerinnenklöster, andere wie Regensburg (Heiligkreuz) und Nürnberg (Katharinenkloster) wenigstens über eines; St. Markus in Straßburg war ihr Urtyp im oberdeutschen Raum. Zu den Klöstern, die eines der hier herangezogenen Nonnenbücher führten, gehören unter anderen Engelthal bei Nürnberg, Ötenbach bei Zürich, Töss bei Winterthur und Katharinenthal bei Diessenhofen.

Echternach: Frühkarolingische, angelsächsisch-irisch geprägte Abtei des heiligen Willibrord in Luxemburg. Echternach teilte das Schicksal anderer von der Französischen Revolution erfaßter Klöster: es wurde von Truppen besetzt, aufgehoben und in eine Manufaktur umgewandelt. Die Mönche nahmen die kostbaren Handschriften des Klosters auf die Flucht zu den Benediktinern in Erfurt mit, mußten sie aber zur Sicherung ihres Lebensunterhalts an fürstliche Sammler verkaufen. Bekannt ist die Echternacher Springprozession am Pfingstdienstag.

Franziskanerorden: Er wurde vom heiligen Franziskus von Assisi zu Anfang des 13. Jh. gegründet. Franz, ein reicher Kaufmannssohn aus Assisi, verließ sein weltliches Leben und predigte im Umherziehen Armut und Barmherzigkeit. 1210 wurde eine erste Regel von Papst Innozenz III. mündlich gebilligt und später weiter ausgebaut. Der Franziskanerorden ist weniger straff organisiert und weiter verzweigt als der Predigerorden; berühmt wurde sein halbgeistlicher Dritter Orden. Zwar blieben den Franziskanern Probleme durch Spiritualisierung (Vergeistigung) und Ketzerverdacht nicht erspart, doch sicherten ihm der legendäre Ruf und die Nachfolge im Beispiel seines Gründers selbst in Krisenzeiten ein hohes Ansehen. Auch dieser Orden hat viele bedeutende Gelehrte hervorgebracht. Die Tracht ist aus grobem, graubraunem Stoff; die Männer tragen die kapuzenartige Kukulle, die Frauen einen weißen Schleier.

Franziskanerklöster: Sie teilten in geringerem Umfang das Schicksal der Dominikanerklöster; in vielen Städten erinnert noch heute eine «Barfüßerstraße» an die freundlichen Brüder. Auch ihre Kirchen wurden häufig zu Pfarrkirchen. In den hochkirchlichen Ausprägungen des Katholizismus wirkten die Franziskaner (in Österreich meist Kapuziner genannt) als Mahner zu Demut und Bußfertigkeit; deshalb ließen sich die habsburgischen Kaiser in der Gruft der Kapuzinerkirche in Wien beisetzen.

Karmeliterorden: Dieser mehrfach untergliederte Bettelorden wurde im 12. Jh. im Heiligen Land gegründet – «Unsere Liebe Frau vom Berge Karmel» – und wirkte seit dem 13. Jh. auch in Europa. Im 16. Jh. wurde er streng reformiert (der weibliche Zweig durch Theresa von Avila).

Klarissenklöster: Der Orden der Klarissen, gegründet 1212 von Klara Sciffi aus Assisi, einer Jugendfreundin des Franz von Assisi, ist der weibliche Zweig des Franziskanerordens. Er hat im deutschsprachigen Raum eine geringere Verbreitung gefunden als der männliche Zweig und als die gleichzeitigen Dominikanerinnen; sein Wirkungsbereich blieben die südlichen Länder. Doch gab es auch bei uns in den meisten großen Städten ein Klarissenkloster. Seit langem aufgehoben, aber erhalten und renoviert ist zum Beispiel das Kloster Paradies bei Schaffhausen.

Klosterneuburg: Das Chorherrenstift bei Wien spielte im geistigen Leben des Mittelalters eine große Rolle; es besitzt eine kostbare Sammlung von Handschriften und Büchern. Im 18. Jh. wurde Klosterneuburg zu einer großen barocken Anlage umgebaut; es hieß im Scherz auch «der deutsche Escorial» in Anspielung auf das spanische Königskloster Philipps II. bei Madrid.

Maulbronn: Die ehemalige schwäbische Zisterzienserabtei gilt als das am besten erhaltene und als eines der schönsten deutschen Klöster. In der Reformationszeit aufgehoben, wurde es Internatsschule und ging damit den Weg anderer ehemaliger Zisterzienserklöster, zum Beispiel von Pforta in

Thüringen, aus dem das berühmte Schulpforta wurde oder in neuerer Zeit von Salem am Bodensee. (Dagegen war die Fürstenschule von St. Afra in Meißen ein ehemaliges Chorherrenstift.) Einen guten Eindruck von der früheren Raumnutzung einer Abtei gibt noch heute das in der Reformationszeit aufgegebene und deshalb nicht umgebaute Kloster Walkenried bei Helmstedt (Ruine).

Melk: Das ehemalige Chorherrenstift an der Donau, eine babenbergische Gründung, wurde während der Reformzeit um 1100 mit Benediktinern besetzt und war während des Mittelalters ein Zentrum klösterlicher Kultur in Österreich. Im 18. Jh. zu einem Meisterwerk des Barock umgebaut, stellt es mit seiner eindrucksvollen Anlage hoch über der Donau auch ein Beispiel klösterlichen Selbstbewußtseins dar.

Monte Cassino: Um 530 gründete Benedikt von Nursia auf dem Berg über der Stadt Cassino in Süditalien dieses Mutterkloster des Benediktinerordens. Im Laufe der Zeit mehrfach erneuert, erlitt es im Zweiten Weltkrieg schwere Zerstörungen und wurde in den fünfziger Jahren in seiner letzten, barocken Form wieder aufgebaut.

Niederalteich: Diese Benediktinerabtei in Niederbayern aus der frühen Karolingerzeit wurde im 18. Jh. barock umgebaut. Die Annalen von Niederalteich sind ein gutes Beispiel für den Wert klösterlicher Geschichtsschreibung im hohen Mittelalter.

Prämonstratenserorden: Der Reform-Orden wurde 1120 von Norbert von Prémontré, späterem Erzbischof von Magdeburg, gegründet; seine Mitglieder lebten nach der Regel der Augustiner-Chorherren. Die Prämonstratenser haben neben den Zisterziensern den bedeutendsten Anteil an der kulturellen Erschließung des mittel- und osteuropäischen Raumes; Abteien lagen unter anderem in Magdeburg, Brandenburg, Havelberg, Wien, aber auch im böhmisch-mährischen und polnischen Raum. Die Prämonstratenser waren anfangs der frauenfreundlichste Orden (Doppelklöster), gaben die Aufgabe der Frauenbetreuung aber bald an andere Orden ab. Ihre Tracht ist weiß.

Quedlinburg: Reichsabtei am Ostrand des Harzes. Das mit Benediktinerinnen besetzte Hauskloster des ottonischen Herrscherhauses hatte zur ersten Äbtissin Mathilde, die Tochter Ottos des Großen, die später für ihren Neffen Otto III. als Reichsverweserin im Herzogsrang amtierte. Das Kloster wurde nach der Reformation in ein Damenstift umgewandelt und zum Schloß ausgebaut.

Reichenau: Das Benediktinerkloster auf der Insel Reichenau im Bodensee (Untersee) wurde 724 von dem wandernden Missionar Pirmin gegründet und entwickelte sich zu einem der großen Missionszentren der Karolingerzeit. Als Reichsabtei nahm es – zusammen mit seinem Gegenstück

St. Gallen – besonders in der Ottonenzeit eine herausragende Stellung ein. Von der hohen Kunst seiner Malerschule zeugen die Fresken in den drei erhaltenen Klosterkirchen in Unter-, Mittel- und Oberzell. Das berühmte Evangeliar Ottos III. – es führte den Goldgrund in die Malerei des Mittelalters ein – stammt aus dem Skriptorium des Klosters, das reichbebilderte Prachthandschriften herstellte; das Evangeliar befindet sich heute in der Münchener Staatsbibliothek, da sich die Kunstschätze des Klosters nach seinem frühen Niedergang zerstreuten. Bei den Brüdern von der Reichenau beklagte sich im 10. Jh. der Mönch Gunzo von Novara über den Spott, den er in St. Gallen erfahren hatte, weil er im Zustand völliger Verfrorenheit einen falschen Akkusativ gebraucht hatte. Der Reichenauer Mönch Hermann der Lahme, von klein auf an den Tragsessel gefesselt, war einer der großen Gelehrten des Mittelalters.

St-Denis: Die aus der Merowingerzeit stammende Abtei in der Nähe von Paris, Begräbnisstätte der französischen Könige, wurde im Mittelalter zum Kristallisationspunkt und Symbol für die wachsende königliche und staatliche Macht Frankreichs. Eine vergleichbare Rolle im Bewußtsein ihrer Länder spielten Westminster Abbey für England und Roeskilde für Dänemark.

St. Emmeram: Aus der frühen Zeit der Christianisierung stammen eine Reihe von Domen (Bischofskirchen), die aus den Gründungsklöstern der Stadt hervorgegangen sind. Die Klosteranlagen wurden später der bischöflichen Pfalz eingegliedert und verschmolzen dann mit dem Stadtkern. Zu diesem Typus gehören St. Emmeram in Regensburg, St. Kilian in Würzburg, St. Mauritius (Moritz) in Magdeburg. Aber auch kleine Städte wie etwa Pegau in Sachsen mit seiner Laurentiuskirche gingen aus Klöstern hervor.

St. Gallen: Anders als ihre nahegelegene Schwestergründung auf der Reichenau erhielt sich die frühkarolingische Benediktinerabtei St. Gallen (wie die Reichenau eine Reisestation der Kaiser auf dem Weg zu den Bündner Pässen) ihre kulturelle Bedeutung bis in die Neuzeit hinein. Sie wurde auf der Einsiedlerzelle des irischen Wandermissionars Gallus errichtet; der berühmte St. Gallener Klosterplan von etwa 820 zeigt den klassischen Grundriß einer Abtei. Die Klosterchronik veranschaulicht das Klosterleben des frühen Mittelalters und erzählt von Mönchen wie dem Humanisten Ekkehard, dem Sünder Sintram und von der Freundschaft zwischen dem Dichter Notker, dem Gelehrten Ratpert und dem Künstler Tutilo, von dem Kaiser Karl der Kahle fand, er sei viel zu schade für einen Mönch. Aus der Klosterbibliothek ging die heutige Stiftsbibliothek hervor. Das Kloster wurde 1805 aufgehoben; die heutige Stadt St. Gallen ist vom Kloster gegründet wurden.

St-Maurice/Agaunum: Die Abtei bei Martigny am Wege zum Großen St. Bernhard, 515 gegründet, ist eines der ältesten Klöster Europas und reicht noch in frühchristliche Traditionen zurück; es ist bis in die Gegenwart hinein besetzt. Sein Abt war Titularbischof von Jerusalem. Das Kloster steht auf einem antiken Gräberfeld, das den Märtyrern der legendären thebaischen Legion und ihrem Anführer Mauritius zugeschrieben wird. Es war vom 6. bis 10. Jh. ein Kulturzentrum Hochburgunds.

Spitäler: In mittelalterlichen Städten waren Spitäler oft große Baukomplexe, die aus reichen Stiftungen finanziert wurden. In ihren Spitalordnungen spiegeln sie das soziale Leben der Städte. Beispiele hierfür sind etwa das Heiliggeistspital in Lübeck und das Spitalviertel in Rothenburg ob der Tauber.

Tegernsee: 746 gegründet, gehört auch Tegernsee zu den großen bayerischen Benediktinerabteien der Missionszeit, von denen viele durch moderne kirchliche Anlagen überbaut sind (wie etwa Benediktbeuren). Tegernsee war ein bedeutendes Zentrum des geistigen Lebens im Mittelalter; seiner wissenschaftlichen und künstlerischen Bedeutung entsprach ein umfassender Handschriftenbestand. 1803 aufgehoben, wurde die barock erneuerte Abtei zu einer Schloßanlage umgebaut.

Ursulinenorden: Dieser weibliche Unterrichtsorden ohne männliche Entsprechung wurde 1535 von Angela Merici gegründet.

Weingarten: Die Benediktinerabtei bei Ravensburg, heute wieder im Besitz des Ordens, war Hauskloster und Begräbnisstätte der frühen Welfen. Eine ähnliche Rolle als geistliche Zentrale einer mittelalterlichen Dynastie spielten Lorch in Schwaben für die frühen Staufer, Reinhardsbrunn für die Landgrafen von Thüringen, deren Chronik es führte, und viele andere.

Wienhausen: Die Zisterzienserinnenabtei bei Celle wurde ebenso wie das benachbarte Lüne und andere Frauenklöster dieses Ordens in der Reformationszeit in ein evangelisches Damenstift umgewandelt. Die Ausstattung von Wienhausen ist fast unverändert erhalten; man hat dort die früheste Lesebrille aus dem Mittelalter gefunden. Wertvolle Teppichstickereien zeigen, womit sich die wohlhabenden Nonnen beschäftigten.

Zisterzienserorden: Der Reform-Orden, der nach der strengen Benediktinerregel lebt, wurde gegen 1100 von Robert von Molesme, dem Abt von Cîteaux, gegründet. Seinen Aufschwung erfuhr er im 12. Jh. unter Bernhard von Clairvaux, zu dessen Lebzeiten allein mehrere hundert «Zisterzen» (Abteien) des weit ausgreifenden, straff organisierten Ordens gegründet wurden. Bernhard machte die Marienverehrung zur geistlichen Grundlage des Ordens. Mit den Prämonstratensern teilten sich die Zisterzienser die Aufgabe der wirtschaftlichen und kulturellen Erschließung Mittel- und Osteuropas. Ihre Kirchen sind an den kleinen Dachreitern zu erkennen, da ihnen ein hochragender Kirchturm als unbescheiden erschien. Die Zisterzienser übernahmen von den Prämonstratensern die Aufgabe der Frauenbetreuung, gaben sie aber im 13. Jh. an die Bettelorden weiter. Die Farbe ihres Habits ist ein helles Weißgrau.

ZEITTAFEL

um 530	Benedikt von Nursia gründet in Süditalien das Kloster Monte Cassino und entwirft die nach ihm benannte Benediktinerregel
9. Jh.	Die Benediktinerregel breitet sich im Frankenreich aus
909	Gründung des späteren Reformklosters Cluny
11. Jh.	Von Cluny aus setzt sich eine grundlegende Bewegung zur Reform der Kirche durch
1098–1179	Hildegard von Bingen, Benediktiner-Mystikerin und Ärztin
11.–13. Jh.	Kreuzzüge; Ritter- und Spitalorden
gegen 1100	Gründung des Reform-Ordens der Zisterzienser
1101	Gründung des Doppelklosters Fontevrault (Nordfrankreich)
1120	Gründung des Reform-Ordens der Prämonstratenser
12. und 13. Jh. ab etwa 1180	Religiöse Armutsbewegung; aus ihr gehen Bettelorden und weitverbreitete Zusammenschlüsse von Frauen in Beginengemeinschaften hervor
um 1170–1221	Dominikus, Gründer des Dominikanerordens
1181/2–1226	Franz von Assisi, Gründer des Franziskanerordens
1209/10	Wanderpredigt des Franziskus, Anerkennung einer ersten Franziskanerregel; der Orden breitet sich aus
1194–1253	Klara Sciffi, Gründerin des Klarissenordens, erste Heilige des Franziskanerordens
1212	Gründung des Klarissenordens (sogenannter Zweiter Orden)
1215	Dominikus gründet eine Gemeinschaft von Predigerbrüdern und überführt sie
1217	in den Prediger-(Dominikaner)-Orden; gleichzeitig Frauenklöster
ab 1221	Dritter Orden des heiligen Franziskus (Tertiaren)
Mitte 13. Jh.	Karmeliterorden in Europa; zur gleichen Zeit Bettelorden der Augustiner-Eremiten
um 1300	Dominikanermystik (Meister Eckhart)
um 1346	In Schweden Gründung des Birgittenordens (Doppelklöster unter weiblicher Leitung)